LES ADULESCENTS

Enquête sur les nouveaux comportements de la génération *Casimir*

MARIE GIRAL

LES ADULESCENTS

Enquête sur les nouveaux comportements de la génération *Casimir*

LE PRÉ
AUX
CLERCS

ISBN : 2-84228-141-1
N° d'éditeur : 134
Retrouvez-nous sur Internet :
www.lepreauxclercs.com

À Loraine

Prologue

L'*Homo adulescens*

> « Ce n'est pas le temps ; c'est vous qui passez. »
>
> PROVERBE INDIEN.

Ils roulent en New Beetle jaune acidulé, se sont choisi une coque de portable à l'effigie de Bob Marley, portent une Swatch fluo au poignet et sont analystes financiers, formateurs, commerciaux, attachées de presse, chefs de projets ou directrices marketing. Quand ils sortiront du travail, ils prendront leur scooter ou bien enfileront leurs rollers. S'ils ne vont pas au restau, dans un *before*, ou en club, ils commanderont une pizza ou des sushis, et joueront jusqu'à pas d'heure sur leur console de jeu dernier modèle. Ils ont entre vingt-cinq et cinquante-cinq ans, et une hantise : avoir l'air vieux. En France, on les appelle « adulescents ». Les Anglo-Saxons les nomment *middlescents, un-grownups*. Des pas-adultes, pas-grandis. On parle aussi de *kidults*, mais *teenults* serait plus adapté.

Le phénomène n'est pas complètement nouveau. Depuis que les trains électriques existent, on sait bien que ce sont les papas qui y jouent le plus. Mais aujourd'hui les adultes ne sont plus ce qu'ils étaient. Autrefois, quand on devenait adulte, cela se voyait. On s'habillait en adulte, et on se comportait comme tel, c'est-à-dire qu'on était sérieux, et qu'on ne s'amusait plus – d'ailleurs il y avait peu de temps pour les loisirs et ils étaient moins nombreux. On avait des responsabilités visibles et affichées : une famille et l'obligation d'assurer sa subsistance. On avait aussi des croyances fermement établies, avec des valeurs qui en découlaient naturellement. Elles étayaient la vie et se transmettaient patrimonialement.

Aujourd'hui, les adultes de tout âge s'infantilisent et les psychiatres s'inquiètent de ce prolongement interminable de l'adolescence. La tendance est née au cours des années soixante dans tous les pays industrialisés, quand la génération du baby-boom a eu vingt ans. Ce sont eux, les cinquantenaires d'aujourd'hui, qui ont inventé le « jeunisme », ce culte du jeune (plus beau et mieux que le vieux), contestataire, libre et individualiste.

Dans les années cinquante et soixante, les beatniks refusaient la vie « respectable », composée d'un travail, d'une famille, faite de sécurité ; ils la trouvaient terne et sans imagination. Leur recherche alla vers le plaisir immédiat et la quête d'une vérité ultime qu'ils voulurent trouver dans les sagesses orientales et les drogues. L'idée de civisme et de devoir n'y tenait aucune place. Avec les hippies, le mouvement se poursuivit. Face à une société jugée répressive à tous points de vue, il fallait inventer du neuf, et vite : « Cours, camarade ; le vieux monde est derrière toi » (slogan de Mai 68). Selon eux, dans le monde de leurs aînés, la liberté d'expression, notamment dans l'habillement et l'apparence, était interdite ; il fallait se conformer, ne pas regarder ailleurs, ne pas déroger à la tradition. La sexualité n'existait que dans le mariage, il fallait avoir un comportement « convenable » en public et au travail, et ne pas étaler ses émotions.

En quelques décennies, les jeunes générations ont mis à bas les valeurs des anciens. Elles étaient vieilles, elles étaient moches, ils ont inventé la contestation systématique, libéré la sexualité, institué le droit au plaisir, le droit de choisir, ont conquis des libertés inouïes, ont refusé de se plier à de multiples contraintes jugées inadéquates, dépassées. Ils ont revendiqué tout, et le bonheur en plus. Ils ont aussi institué une nouvelle discrimination jeune/vieux qui a rendu obsolètes les distinctions traditionnelles de classe, sexe, religion, nationalité, ethnie. La politique, la religion, la société et les comportements n'ont plus jamais été comme avant.

Ces années soixante-dix, qui ont secoué les institutions dans tous les pays développés, étaient déjà une régression, sans doute nécessaire, des jeunes vers l'état d'enfance, avec son exigence de plaisir immédiat, et la revendication de choses impensables, libertés, égalité, sexualité. Dans les années quatre-vingt, on s'est beaucoup préoccupé de ces jeunes gens qui refusaient de grandir et de devenir des hommes et des femmes responsables. Dan Kiley a inventé le complexe de Peter Pan [1], tandis que la

1. Dan Kiley, *Le Syndrome de Peter Pan*, Robert Laffont, 1985, puis *Le Syndrome de Peter Pan : ces hommes qui ont refusé de grandir*, Odile Jacob, 2000.

féministe Barbara Ehrenreich parlait de la culture du play-boy pour évoquer ces jeunes gens (ils avaient entre vingt-cinq et trente-cinq ans à l'époque) qui se comportaient en adolescents attardés, notamment dans leur vie affective, refusant tout lien émotionnel et tout engagement. Peter Pan agit en effet en maître égocentrique et tyrannique et ne veut surtout pas devenir un homme. Il est l'image de la toute-puissance enfantine à laquelle certains s'accrochent désespérément. Ils restent ces individus légers et papillonnants qui refusent d'abandonner les avantages de l'enfance. Ils s'illusionnent et brillent, mais manquent de poids à l'intérieur d'eux-mêmes.

Le temps passe aussi pour eux, mais ces quinquas *new-age* n'acceptent pas leur vieillissement. Ils ont vécu un âge d'or, insouciant, sans chômage, sans problèmes économiques. Les guerres se faisaient ailleurs, ils les ont refusées ou n'étaient pas concernés. Plus dure est la chute. Cette génération ne s'est pas vue vieillir, les baby-boomers ont cru que leur adolescence était élastique et ils se battent pour préserver leur mythe. On est des grands maintenant, et il est loin le temps où Souchon, idole des adultes qui refusent de l'être, chantait « J'ai dix ans ». Vingt-huit ans plus tard (c'était en 1974), ses fans sont de grands adeptes de remise en forme, cures de thalasso et petite chirurgie esthétique.

Derrière eux arrivent déjà d'autres adultes qui ont bien assimilé le culte de l'idole jeune, et qui les trouvent vieux et bien encombrants, avec leurs souvenirs et leur nostalgie. Ces jeunes adultes (30-40 ans) partagent les mêmes valeurs d'individualisme et de jeunisme. Les 20-30 ans, eux, ont grandi avec la crise économique ; ils en ont assez de s'entendre dire qu'il faut être le premier, alors qu'ils se voient en milieu ou en queue de peloton, explique le sociologue Gérard Mermet [1]. Ils ont pratiqué les jeux de rôle dans les années quatre-vingt-dix et les jeux vidéo depuis leur apparition dans les années quatre-vingt. Ils ont fait des études qui les ont maintenus chez les parents où tout était si confortable : on était nourri, logé, blanchi et on avait une certaine forme d'indépendance, puisque la libération sexuelle était passée par là, et on était majeur. Pourquoi grandir quand on voit tous ces vieux qui n'y arrivent pas eux-mêmes ?

La majorité n'est plus l'entrée dans l'âge adulte. D'ailleurs, chez les Romains, dont l'espérance de vie était pourtant nettement plus courte, l'*adulescens* désignait le jeune homme entre quatorze et... vingt-cinq ans, « les jeunes garçons étant alors placés sous l'autorité du curateur, qui se substituait au tuteur », dit le *Gaffiot*. Ce pilier de la culture latine pour de nombreuses générations de lycéens indique que c'est le terme courant pour désigner un « jeune homme ou jeune femme de dix-sept à trente ans (mais parfois au-delà) ». L'*adulescens*, participe présent de *adolescere*, qui signifie « croître, se développer », est celui qui est en train de grandir. C'est aussi celui « qui est plus jeune, garçon ou fille pubère, mineur de vingt-cinq ans ». *Adultus*, en revanche, est un participe passé et signifie « déjà grand, parvenu au terme de sa croissance ». Enfin, selon le *Dictionnaire historique de la langue française*, jusqu'à la fin du

1. Gérard Mermet, *Francoscopie 2001. Comment vivent les Français ?* Larousse, 2000.

XVIIe siècle, le mot « adulte » a plutôt la même valeur que « adolescent » de nos jours.

L'adolescence, période de dépendance affective et financière par rapport aux parents, dure maintenant au moins jusqu'à vingt-cinq ou trente ans. Elle est ce « passage du monde de l'enfance à celui des adultes. Cette époque de la vie aussi riche soit-elle en nouveaux besoins, en explosion de désirs, en expériences exaltantes, s'accompagne inexorablement de doutes, d'incertitudes et de risques inhérents à ce flot de nouveauté[1] ». Est-on adulte simplement parce qu'on a passé ce cap fatidique ? Pendant des siècles, on fut légalement adulte à vingt et un ans, et cela correspondait à une réalité vécue : travail, mariage, enfant... Depuis quelques décennies, on est adulte, au regard de la loi, à dix-huit ans. Le psychiatre Erik Erikson[2] y voit un paradoxe car « parmi toutes les créatures, l'homme se caractérise par la longueur d'une enfance psychologique dont la civilisation tend encore à prolonger la durée ». Dans un rapport intitulé « L'Occident jeune : comment nous grandissons tous plus lentement[3] », un psychologue américain, Stephen Richardson, explique que, il n'y a pas si longtemps, trente-cinq ans marquait l'entrée dans l'âge mûr. Aujourd'hui, c'est plutôt le moment où l'on passe à l'âge adulte. Même le très conservateur George W. Bush utilise cet argument pour minimiser ses excès de boisson au volant. Et hop,

1. Alain Braconnier, *Le Guide de l'adolescent de 10 à 25 ans*, Odile Jacob, 1999.

2. Erik Erikson, *Adolescence et crise : la quête de l'identité*, Flammarion, 1978.

3. Stephen Richardson, *The Young West : How we are all growing older more slowly*, cité dans l'article « Old age », *Financial Times*, 8 et 9 septembre 2001.

classés « erreurs de jeunesse » puisqu'il avait... moins de quarante ans. L'adolescence, au lieu d'être une période agitée de quelques années, s'étend désormais sur deux décennies.

Les modes de vie ont changé, la consommation est un moteur, les valeurs en ont pris un coup. Résultat : les adultes n'ont plus l'âge de leur âge. Toutes décennies confondues, de vingt à soixante ans, ils n'hésitent pas à adopter ou à retrouver des comportements, des objets, des activités que l'on pensait rangés au placard de l'enfance et de l'adolescence. Moi-d'abord, douceur, confort, plaisir, transgression en sont les mots clés. Toutes les études de marché le montrent, ces « jeunes-depuis-longtemps » sont de plus en plus nombreux. Ils représentent un marché en pleine croissance, notamment depuis une dizaine d'années, et c'est ainsi dans tous les pays développés. Ils aiment jouer, veulent se maintenir jeunes à tout prix, laissent libre cours à leurs envies, ont le plaisir comme principal moteur de décision. Et surtout, ils ne veulent plus vieillir et mourir comme leurs parents.

Mais on a beau avoir des comportements sociaux et consommateurs qui font appel aux souvenirs et aux évocations – douceur de l'enfance et transgressions de l'adolescence –, et qui passent essentiellement par les sens, on n'en est pas moins insatisfait. Notre désir de jouissance se développe parallèlement à une montée de l'anxiété individuelle et sociale. Les sentiments ne sont plus ce qu'ils étaient. Dans nos cœurs d'adolescents frémissent des états d'âme incompréhensibles. De nos profondeurs déboussolées nous montent des vagues de nostalgie qui emportent tout sur leur passage. Au cœur de la foule sentimentale, c'est ça, l'ultramoderne solitude...

Première partie

Sens dessus dessous

Les sens sont, avec les émotions, le moyen premier d'appréhender le monde, dès la vie intra-utérine. Cette vie où tout était si doux, si simple, si confortable. Le psychanalyste Guy Corneau[1] décrit la difficile émergence de cette époque dorée : « Où es-tu, vie fœtale, tropicale et douce ? Pourquoi faut-il vivre les armes à la main ? Une brutale réalisation voit ainsi le jour : on n'est pas le fils choyé des dieux, le fils divin, l'élu de tous les élus qu'on avait cru être en imagination. » Cette terrible prise de conscience est devenue traumatisme ontogénétique, et autorise de ce fait des compensations. La régression globale que l'on observe dans les sociétés développées aujourd'hui ne serait donc qu'un système de défense, utilisé couramment en cas de difficulté. Il s'agit de revenir à une situation connue, qu'on est capable de dominer. C'est ainsi que l'on essaye de retrouver un certain apaisement dans le mirage de nos souvenirs et de nos sensations, images, bruits,

1. Guy Corneau, *Père manquant, fils manqué*, L'Homme, 1989.

goûts, odeurs... L'essentiel est dans l'inventivité, la spontanéité, le retour aux valeurs fondamentales, la nature. Et donc à moi-même, à commencer par mes sens. Des expos, des lieux se créent pour nous apprendre à mieux connaître notre corps et nos sens. « Balade au cœur des sens » se propose de nous faire (re)découvrir le pouvoir émotionnel des sens à travers un « parcours multisensoriel ». En clair, on y va pour renifler, toucher, entendre, voir et titiller nos papilles gustatives. Faire tout ce qui est interdit dans les magasins ordinaires : « On s'amuse comme des fous (chaque étape est une surprise) et on ressort euphorique de se savoir si riche de toutes ces sensations ! Cela tient de la magie, de la poésie, c'est ludique, pédagogique, fantastique, initiatique », rapporte l'envoyé spécial de *Elle*. On demande aussi à la sexualité de nous apporter non seulement des plaisirs climactiques, mais un réconfort et une identité.

Bénis soient-ils, le marketing et les nouvelles technologies parlent merveilleusement à nos sens, plus qu'à notre tête. Sans doute parce qu'elle est un peu malade. Ou trop chargée. De soucis, de responsabilités, de difficulté à y voir clair. Alors, on veut « en profiter », de l'instant, des bonnes choses. D'ailleurs il n'y a pas de réponse aux problèmes ; l'époque n'est plus aux convictions, elle est à la jouissance, immédiate de préférence. Cette recherche du plaisir nous conduit de plus en plus souvent à nous intéresser à des produits, équipements ou services porteurs de satisfactions de toutes sortes, esthétiques, ludiques, imaginaires, émotionnelles... Marcuse l'avait vu venir. Dès 1968[1], il prédisait l'émergence

1. *L'Homme unidimensionnel*, Minuit, 1968.

d'un consommateur passif et d'un citoyen docile, dans une société où l'ensemble des industries culturelles ne favoriseraient plus la réflexion morale et la prise de conscience politique, mais seraient fabriquées et vendues à coup de publicité, de mode, de design des produits et d'études de marché.

En compensation, la nature est très à la mode, bien que notre environnement ne cesse de s'enrichir de stimulations artificielles, qu'il s'agisse de la lumière monochromatique du laser, de couleurs, d'images, de parfums ou d'arômes qui n'existent pas naturellement. Mais il faut aussi rassurer le grand consommateur que nous sommes, c'est pourquoi ce qui pourrait nous inquiéter ou tout simplement être purement utilitaire et obligatoire met ses habits de lumière. « La technologie devient sensuelle et colorée comme pour nous convaincre qu'après avoir conquis la puissance, elle est aussi capable d'acquérir la grâce[1]. »

Le service militaire, national, a été définitivement aboli. Curieusement, l'endroit où les garçons devenaient adultes autrefois, c'était l'armée. Celle-ci fabriquait des hommes, des « durs à cuire ». Mais l'armée c'est aussi la grande muette, un lieu où l'on doit être sourd, muet, aveugle. Cette amputation sensorielle n'est plus acceptable. On veut des sens, des sens en folie, car c'est ainsi que la vie est belle.

1. Serge Tisseron, *Petites Mythologies d'aujourd'hui*, Aubier, 2000.

Chapitre 1

Le paraître et le néant

> « Plus encore que tous les objets, les images nous bercent et nous font rêver. »
>
> SERGE TISSERON.

Orrin Dunlap avait une mauvaise vue. En 1926, ce chroniqueur du *New York Times* déclara que la télé, ça ne prendrait jamais. C'était une « passion passagère d'inventeur ». La civilisation a basculé au XXe siècle, autour de cette mutation dont on n'a pas fini d'explorer la profondeur : le passage d'une civilisation du texte au règne absolu de l'image. Là où il fallait un apprentissage et une réflexion, on est pris sous un déluge d'images qui font office d'informations, qui arrivent de toutes parts sur nos écrans de télé, d'ordinateur et de téléphone, dans les magazines, sur les prospectus, les murs, les trottoirs, les voitures, les bus, les panneaux, les plateaux-repas... Elles arrivent en vrac et se succèdent sans répit. Pas le temps de réfléchir, de s'y attarder, en voilà d'autres. Elles se répètent, disent la même chose dix fois, cent fois. Par nature, la communication audiovisuelle ne peut pas relativiser les informations qu'elle transmet. Elle est dans l'instant, ce qui l'empêche de se situer dans une perspective historique. Pour qu'ils laissent une trace, pour impressionner, ses messages doivent être concis, forts, et les images frappantes. Cela fait office de compréhension. Car on n'a plus le temps. Mais on reste en surface, sans véritablement chercher à savoir ce qui articule les informations imagées qui nous sont présentées prémâchées, prêtes-à-digérer.

Un proverbe disait : « Qui vivra verra. » Aujourd'hui, qui verra saura. Qui sera vu (et re-vu) sera connu. Voir, être vu, c'est l'essentiel. Les entreprises misent sur leur « visibilité », ce qui leur assure notoriété et chiffre d'affaires. Cet impératif a opéré un glissement de sens étonnant du terme « anonyme », qui montre que l'on n'existe décidément pas si on n'est pas connu. Les médias parlent des « anonymes », des sans-nom pour désigner les non-célébrités, tandis que les gens célèbres, eux, sont des gens tout court. Des *people*. C'est parce que je suis vu, et seulement si je suis connu, que j'ai une identité. La célébrité fait tout, plus que le talent. Comme l'a dit Richard Berry, consterné d'avoir à poser devant des caméras aux côtés de lofteurs de M6 : « Avant, on faisait acteur, maintenant, on fait célèbre. » C'est un métier.

À défaut d'être vu, on se fait bien voir en travaillant son look. Avoir l'air « vieux » est le comble de l'inacceptable. Et même, avoir l'air d'un adulte, c'est un peu louche. C'est ce qui ressort d'une pub télé pour Coca-Cola, la boisson des jeunes par excellence (depuis trente ans). On y voit des ados dans un café, l'un d'eux est un grand révolté qui ne veut même pas travailler. L'une de ses copines, la voix de la raison, lui conseille de se bouger un peu : « Tu t'adaptes, tu t'habilles en homme. » Elle se reprend très vite : « C'est pas un peu réac, là ? » Mais parfois, ce qui était ringard devient à la mode. Comme une transgression par rapport à l'ordre établi de l'époque tout juste révolue. C'est ainsi que dans les années quatre-vingt, Jean-Paul Gaultier s'est intéressé au cas Yvette Horner, figure grotesque des années soixante-dix, et l'a rhabillée de pied en cap. Relookée, elle est devenue *fashionable*, on l'a vue sur tous les plateaux de télé. La mode, source majeure d'identification et de reconnaissance, bouscule les tranches d'âge. La mode est jeune, on s'habille « jeune ». Les quinquas s'habillent comme les ados. Baskets, jupettes, barrettes, jeans, sacs à dos, tous pareils, tous unis ! Les figures en vue, les *people*, jouent à fond la mode. *Fashion-victim* et *fashionista*, c'est ce qui se fait de mieux comme façon d'être. C'est ainsi que l'on est reconnu.

Mode et look

Le corps est roi. Dans *Petites Mythologies d'aujourd'hui*, le psychanalyste Serge Tisseron le voit comme « une matière première malléable et façonnable, une somme de fragments à soumettre au design et aux modes, au gré de nos désirs variables, toujours insatisfaits ». C'est un outil, une machine, que l'on peut bricoler, améliorer, adapter, utiliser : « Déculpabilisé, enfin débarrassé de certains tabous, il n'est plus vécu comme un destin ni une fatalité mais comme une pièce maîtresse de l'identité[1]. »

1. Serge Tisseron, *op. cit.*

Tout part d'un axiome simple : le vieux est moche ; la mode, puisqu'elle est belle, est donc pour les jeunes. Il faut s'habiller « jeune », pour ne surtout pas « faire vieux ». Les chaussettes qui ne se cachent plus ont sans doute été les premiers éléments du rajeunissement de la garde-robe masculine. Au nom de ce culte de la jeunesse, des gamines de seize ans arpentent les podiums et occupent les pages des magazines pour vendre des fringues à des quadras et plus, tandis que l'on voit des mamans habiller leurs petites filles comme elles-mêmes, mules, minijupes et T-shirts moulants, nombril à l'air.

Streetwear, vintage et custom

Le stress du look augmente, et c'est encore pire le vendredi. Explication d'un conseiller en image : « Si ceux qui portaient des chaussures de sport au travail se sentaient gênés il y a quelques années, aujourd'hui ce sont ceux qui viennent en chaussures de ville le jour du *Friday wear* qui sont mal à l'aise. » Car la chaussure fétiche, et pour certains de tous les jours, c'est la basket. C'est même l'uniforme dans certains milieux professionnels : pub, show-biz, mode. 80 % des ventes dans le monde de cette chaussure réservée hier aux athlètes sont promises à un usage urbain. Des millions de jeunes et de vieux jeunes n'ont jamais porté une paire de chaussures noires traditionnelles ailleurs qu'à un enterrement. « Désormais, estime *Télérama* [1], les Church's et autres Weston sont le signe distinctif des derniers

1. *Télérama*, 16 février 2000.

rebelles qui se moquent encore d'avoir l'air jeune et décontracté. » Les baskets sont de toutes les couleurs (du doré aux carreaux vichy ou pois violets), ont des gadgets comme l'affichage du kilométrage parcouru (utile pour ceux qui veulent maintenir leur *fitness*), un design qui évoque une voiture de sport. Reebok demande à Iggy Pop, vieille figure des années soixante-dix, de jouer les égéries. Il y a aussi des séries limitées pour les *fashion-addicts* et des codes vestimentaires précis, surtout depuis que des créateurs italiens et américains se sont lancés dans la bataille : « Une rédactrice de mode se doit de faire ses courses en New Balance 576 tandis que les acteurs vont dîner en Air Max argent et que les rappeurs jouent les rebelles à la télé en Reebok DMX Lite », explique *Télérama*.

Le jean, que l'on croyait mort, car les ados lui préféraient des marques *streetwear*, connaît un regain d'intérêt s'il est d'hier, bien daté, et surtout personnalisé. Cela s'appelle *vintage*, c'est-à-dire millésimé comme un grand cru, et *customisé*, spécialement adapté aux desiderata du client (*customer* en anglais). Du coup, pour l'hiver 2001-2002, Levis décline tous les mythes américains depuis la conquête de l'Ouest jusqu'aux Sex Pistols, en passant par la révolution industrielle et la *beat generation*. Ainsi, chacun y pioche sa petite nostalgie perso.

L'important, c'est de pouvoir affirmer : « J'ai déniché un vieux jean de 1969 », « C'est moi qui l'ai fait » ou « On l'a fait spécialement pour moi ». Tous les grands magasins ont leur carré *vintage* où l'ancien est personnalisé, et l'on se bat pour connaître les meilleures adresses du genre. *Marie-Claire* constate que c'est une tendance internationale : « En un an, Paris, Londres et New York sont devenues les plaques tournantes de l'habit qui a servi[1]. » Pas à n'importe qui : au Festival de Cannes 2001, Sandrine Bonnaire est arrivée dans une robe-manteau qu'avait portée Coco Chanel.

La nostalgie en prime

Désormais, hors du groupe, point de salut ! Pour appartenir au clan, être reconnus de leurs pairs (même s'ils ont dix ou vingt ans de moins qu'eux), les adultes font comme les ados, ils se conforment strictement à la mode et aux tendances. Sinon ce serait vieillir. Les mères s'habillent comme leurs filles. La marque Comptoir des cotonniers a joué à fond cette tendance dans ses campagnes : « Une mère, une fille, deux femmes », pour lesquelles elle a fait des castings grand public par voie de presse. Des mères quadras bien conservées posent à côté de leur fille de plus ou moins vingt ans ; elles portent des vêtements de la même maison. Les vieux adultes s'habillent donc comme les jeunes adultes (25-35 ans), qui eux-mêmes portent encore leurs fringues d'ados ou bien s'habillent comme leur maman (années quatre-vingt, soixante-dix, soixante) : bottes et minijupes, pulls moulants, nombril apparent, semelles compensées, mais endossent aussi du *streetwear* et des survêts de marques « jeunes ». Les mamans se font des couettes très *sixties*, clin d'œil à l'enfance. On n'en fait plus seulement deux mais trois, quatre ou cinq, c'est plus rigolo, et des nattes ou même des chignons. On met

1. *Marie-Claire*, juin 2001.

des barrettes dans ses cheveux, mais on n'a plus huit ans ; elles se doivent donc d'être griffées (et très chères), un rien *seventies*. Les petites filles adorent les pulls et T-shirts de Lulu Castagnette, une marque qui prétend habiller « une femme fraîche, gaie, bien dans sa peau et par conséquent bien dans ses vêtements », mais qui affiche un nounours là où d'autres mettaient un crocodile. *Le Monde* baptise cette tendance « puéricouture » et constate que « les créateurs de mode et de maquillage s'offrent une parenthèse colorée dans un jardin d'enfants[1] ». C'est une tendance générale, pas seulement la mode d'une saison. « Aujourd'hui, la société a tendance à nier les classes d'âge », analyse Catherine Join-Dieterle, conservatrice et directrice du musée Galliéra, qui propose une exposition sur la mode enfantine. « La frontière entre la mode adulte et enfant s'estompe. Il faut bien comprendre que le modèle central et dominant reste le monde adolescent. Son style inspire la mode féminine, la mode junior, et, par ricochet, celle des enfants[2]. »

La tendance « rendez-moi-ma-jeunesse » bat son plein, mais les créateurs ne puisent pas leur inspiration que dans les années soixante-dix ; le rétro à la mode commence aux années quatre-vingt et va fouiller jusque dans les années quarante. On a même vu des guêtres dans plusieurs collections. Jean-Charles de Castelbajac, cinquante et un ans, n'en finit pas d'explorer ses souvenirs et ses regrets. Dans les années soixante-dix, à presque trente ans, il

1. *Le Monde*, 1er juin 2001.
2. Citée dans le supplément de *Libération*, « Les tentations de *Libération* », du 25 au 31 mai 2001.

concevait déjà des manteaux « nounours » et sa collection été 2000 s'appelait « Post-Innocence ».

Les mules que portait si bien Marylin, mais qui restent éminemment inconfortables, ont fait trembler tous les pieds prêts à tout pour avoir l'air branchés, même durant l'interminable hiver 2000. L'emmanchure américaine à la Audrey Hepburn est de retour et se porte, elle aussi, même au cœur de l'hiver. En juin 2001, *Elle* faisait ses pages mode sur le thème : « Une année 52. » Tout y est, le *twin-set* sage, le corsaire vichy, les jupes amples qui cachent le genou, les robes un peu cintrées et les imprimés inspirés des tissus d'ameublement, les ballerines plates et les mules à talon aiguille. Sans oublier la résille, adoptée de haut en bas par tous les créateurs branchés.

Les années soixante, côté sage, sont partout, depuis les jupettes, les kilts écossais, les cache-cœurs jusqu'aux chaînes à mailles dorées que l'on porte en colliers ou en ceintures, mais depuis que Madonna en met, elles ont perdu leur image « jeune fille de bonne famille », et c'est d'autant plus amusant de suivre cette mode. La combinaison, sous-vêtement disparu dans la tornade des *seventies*, devient robe. On trouve des bas à jarretière en dentelle. Le sac bowling qui ne se vendait qu'au rayon sport dans les années soixante se retrouve dans la main des plus belles *people*. Toutes les marques, des plus chic et chères jusqu'aux plus accessibles, ont suivi la tendance lancée par une créatrice espagnole. La blouse à col lavallière, apparue dans la collection haute couture 1966 de Saint-Laurent, a été relancée, mais c'est plus dur, il faut arriver à la porter « actuel », rien à voir avec le look XVIe arrondissement.

La mode hippie n'en finit plus, c'est hippie-chic, disent les couturiers, mais ce sont toujours des cols pelle à tarte, des pattes d'éph, des boots à plateau, de longues jupes à fleurs, des pulls à impression *peace and love*, des tuniques à rayures vertes, violettes ou saumon. Le grand retour des années pop dans la mode, c'est aussi celui d'Andy Warhol et de ses images détournées, images conso, et même un parfum éponyme, qui se décline en trois couleurs à l'effigie d'une Marylin, rose, bleu et rouge. Pas très étonnant quand on sait que Roy Lichtenstein voyait le pop'art comme une esthétique fondée sur la jeunesse éternelle et la bande dessinée. On détourne les objets, une robe « test oculaire », avec un tableau de lecture comme chez l'ophtalmo, ou des graffitis sur les robes. Jean-Charles de Castelbajac explique à *Elle* que le « Yaoow » apparaissant dans sa collection intitulée « Physical Graffiti » « est un cri de joie, c'est l'enthousiasme, c'est l'idée d'être un groupe, c'est quand on gagne, c'est le rugby ». En tout cas, ce n'est pas très sérieux, ce qui est bien normal quand on a toujours dix-sept ans.

Enfin, les années quatre-vingt font un retour timide dans la mode – c'est sans doute trop récent, mais on a vu des jambières qui nous rappellent Véronique et Davina époque toutouyoutou, à mettre sous une minijupe.

Quand ils ne puisent pas dans le passé, les couturiers nous habillent minimalistes et transparents. Voiles, tulles, dentelles, résilles, on voit tout, il n'y a plus rien à cacher. On joue à se faire peur, au cas où les interdits reviendraient. Assez paradoxalement, on a assisté en 2001 à une flambée du vêtement de « camouflage » que toutes ont porté, qu'elles l'aient acheté chez Christian Dior comme Bernadette Chirac ou chez Pimkie pour cent fois moins cher. Le « spasme du kaki », comme l'appelle *Libé*[1], a frappé partout, sur les baskets, les housses de portables, les nounours. Le vénérable Dupont a habillé l'un de ses briquets de cette couleur et l'a appelé « X-Trend », du nom de la génération X qui désigne les 30-40 ans. C'est surtout un clin d'œil aux années soixante-dix, où l'on appelait ça « surplus US ». C'était le temps de la guerre du Vietnam, on était contre et on s'amusait ainsi à détourner les oripeaux de l'impérialisme américain. Les plus jeunes, les trentenaires, se rappellent les films qu'ils ont adorés quand ils avaient quinze ans, c'était le bon temps, celui où Rambo réglait leur compte à tous ceux qui s'opposaient au bien, à la justice, et à lui. Et pour tous les garçons de plus de vingt-cinq ans, c'est un souvenir du service militaire, qui lui aussi vit ses derniers spasmes... Mais qu'est-ce qu'un vêtement couleur feuillage et terre va camoufler au juste dans un paysage urbain en béton ? C'est du camouflage étudié pour être mieux vu dans la ville. En fait, on s'habille comme on se déguiserait ; les créateurs s'amusent, et nous aussi. Colliers de plumes, souliers à la Betty Boop, sacs brodés de moutons ou de papillons de tulle, on veut aussi rêver, avec des cœurs, des nuages, des rubans, des fleurs.

Maquillage obligé

On se maquille désormais comme on se douche, c'est-à-dire tous les jours, impérativement. Les baby-

1. *Libération*, 30 juillet 2001.

boomeuses passent vingt minutes en moyenne à se maquiller chaque matin. Aux États-Unis, dans l'État du Nevada, une femme a été licenciée pour avoir refusé de se maquiller pour travailler[1]. Maquiller un crime, c'est vouloir lui donner l'air d'autre chose que ce qu'il est. Quand je maquille mon visage, je cache ses défauts. Quelques années plus tard, j'essaie aussi d'estomper ses rides, puis son vieillissement. Je le rends acceptable, parce que sinon « je ne le vaudrai pas bien ». Ça brille de partout : paillettes, or, argenté, cuivre, ça « en jette ». Les fards et les crayons ont l'air de bonbons acidulés de toutes les couleurs. On ose remettre du bleu sur les paupières, c'était interdit depuis plus de vingt ans. Les conditionnements sont ludiques, avec des houppettes en plumes ou présentés dans des tubes de gouache. On se maquille comme on se peindrait. Entre pin-up et poupée de porcelaine. On a des cils qui « se déploient comme un éventail », avec un résultat inespéré : « Votre regard est intense, absolument *glamour.* » On peut toutes se prendre pour des stars, d'ailleurs il faut « croire à la beauté ». Les grands prêtres du marketing l'ont dit, et ceux-là, on les croit.

Vieux moi ? Jamais

Le vieillissement est un drame pour les enfants du baby-boom, qui ont inventé le culte de la jeunesse et le mépris ouvert du vieux. Vieux con. Vieux et moche. Malheureusement, c'est biologique, la peau tombe. On a beau la lifter, la couper, la tendre et la

1. Rapporté par *Time*, 18 juin 2001.

retendre, elle suit son cours immuable et d'autant plus insupportable. C'est la faute à « la société qui conditionne les femmes à ne pas s'accepter en tant que telles. Toutes ces injonctions de jeunesse, de beauté qu'on leur assène les font se sentir soudain vieilles », dit Régine Lemoine-Darthois[1]. Il faut un corps sans histoire, sans marque, sans signe du temps qui passe. Guy Corneau le reconnaît : « Nous n'acceptons pas que nos amantes portent les marques de leur vie ou de leurs enfantements. Nous voulons que le miroir soit toujours vierge, idéal, sans doute pour arriver à nous cacher les marques que nous affichons nous-mêmes[2]. » Du coup, à l'annonce d'un produit miracle contre le vieillissement, on se rue, oubliant toutes nos craintes des risques dont on a si peur par ailleurs. C'est aussi pour cela que les femmes quadras-et-plus fréquentent assidûment les coiffeurs ; il faut bien cacher ses cheveux blancs. Sur le visage et sur le corps on met des crèmes anti-rides, anti-âge, anti-vieillissement, qui se donnent un mal fou pour nous. Elles « luttent contre le temps » et le « relâchement cutané », « défient le temps », « freinent le vieillissement cutané », « relancent la jeunesse de la peau », nous recommandent « défense de vieillir », veulent nous « rendre la vie plus belle et la peau plus fraîche à cinquante ans », mais quand cela ne suffit plus, c'est le temps de la chirurgie esthétique, qui s'appelle d'ailleurs de plus en plus « médecine » esthétique puisqu'il s'agit de passages au laser, de petites injec-

1. Régine Lemoine-Darthois et Élisabeth Weissman, *Elles croyaient qu'elles ne vieilliraient jamais*, Albin Michel, 2001.
2. Guy Corneau, *op. cit.*

tions de produits peu durables ou de *peelings*. Il fallait souffrir pour être belle, désormais on paye très cher pour être jeune.

Les hommes ne sont pas en reste. Eux aussi doivent être beaux (et donc jeunes) désormais. Ils sont de plus en plus nombreux à utiliser des produits de « beauté », qui leur permettront de ressembler à l'homme idéal. Qui sont les canons de beauté chez eux ? Voyez du côté des publicités ; elles renvoient majoritairement à des fantasmes typiquement adolescents : baroudeurs qui sentent bon la sueur mais se rasent de près, pilotes de F1, aventuriers, jeunes gens un peu trop audacieux qui viennent de se prendre une belle gifle. « Play hard, look young », recommande une crème destinée à ceux qui « osent le soin ». Ils osent, et souvent beaucoup plus : les interventions de chirurgie chez les hommes ont progressé de 400 % en quinze ans. Opérations les plus demandées : les paupières, qui donnent un coup de jeune radical, et calvitie. Rasé d'accord, mais chauve, jamais, ça fait vieux pas soigné. Une étude allemande (EMNID, 1999) a montré que les hommes qui ont tous leurs cheveux ont l'air plus jeune, sont plus séduisants et donnent l'impression d'être plus dynamiques.

Toutes les civilisations ont vénéré et représenté la jeunesse. De tout temps on a voulu rester jeune. Mais Dorian Gray était une exception dans son époque ; aujourd'hui c'est toute une société qui joue au mythe de Faust, avec un pouvoir d'image qui n'existait pas, pas autant, et qui décrète totalitairement qu'il faut stopper le vieillissement, défier le temps. Et tous obéissent.

Pour rester, devenir, paraître « jeune et beau », il faut y travailler. 39 % des adultes de vingt-cinq à quarante-neuf ans faisaient du sport en 1967, 48 % en 1988. Les baby-boomeuses représentent 60 % de la clientèle des salles de sport[1]. On pratique la remise en forme en salle ou en cures pour se revitaliser, se reminéraliser, se réconcilier avec son corps, et mincir, bien sûr. On a du mal à imaginer que l'embonpoint ait pu être signe de réussite sociale et que la graisse façon Rubens ait été excitante. Ils n'évoquent plus que laisser-aller, ménopause, andropause, rien que des péchés. Il est très difficile d'être trop gros dans un monde où l'on doit rester jeune et beau, donc pas enveloppé. Il faut se montrer longiligne, élancé, c'est le « delirium très mince ». Une étude européenne a établi qu'un obèse trouve moins facilement du travail et que la proportion de personnes obèses dans les universités est très faible. Être gros, c'est à la fois être moche, vieux, pas dynamique.

Il faudra revoir nos mythes, car tous les médecins le constatent : les (vrais) jeunes sont de plus en plus gros. C'est un véritable problème de santé publique, avec trois millions de Français obèses, et dix-sept millions en surpoids réel, soit 28 % de la population (13 % chez les mineurs). On connaît les coupables : l'abus de télé, le grignotage à toute heure, la *junk food*, alimentation facile à manger, industrielle, hypersucrée, et pas assez d'exercice physique. Le gène de l'obésité n'expliquera pas tout et ces comportements sont aussi une réaction d'ado en colère : « Vous m'emmerdez avec votre minceur, moi, je fais ce que je veux. La preuve : je bouffe ce

1. Nicolas Herpin et Daniel Verger, *La Consommation des Français 2. Transports, loisirs, santé*, La Découverte, coll. « Repères », 2000.

que je veux quand je veux. » Ensuite, on fait des régimes ; les manuels préconisant tel ou tel régime sont des best-sellers et les nutritionnistes deviennent des stars. C'est l'*autre* obsession. Selon une étude britannique réalisée en 2000, 80 % des femmes sont plus intéressées par leur régime que par leur vie sexuelle. On teste tout, car il faut « essayer », « voir si ça marche ». Que des protéines, que des ananas, que des substituts de repas, que du raisin, on se ligature l'estomac, on se ligote les mâchoires. L'excès n'est-il pas typique de l'adolescence ? On « expérimente », on compare, comme d'autres testaient les différentes façons d'embrasser de leurs copines.

Consommation

Tout le monde prétend retrouver l'enfant qui est en lui, ou au moins les vertes années de l'adolescence. La nostalgie fait rage. Elle procure un ineffable sentiment de sécurité. Cette tendance préside à la création de multiples boutiques qui font dans l'ancien revisité et de nouveaux centres commerciaux qui misent sur une clientèle qui rapporte, les quadras et les quinquas. On y joue à fond la nostalgie en proposant des produits haut de gamme pour « bobos en mal de vraies valeurs[1] » (bobo = bourgeois bohème) dans des ambiances et déco étudiées pour : musiques *new-age*, éclairages discrets, parfums d'ambiance, parquets en bois. Certaines de ces boutiques ne proposent que des produits qui éveillent des réminiscences d'enfance,

1. *Télérama*, 13 juin 2001.

depuis le petit outillage jusqu'à la lampe d'atelier, en passant par les ustensiles de cuisine, les confitures d'antan et les cosmétiques à l'ancienne.

On aime ce que l'on a tant aimé. Volkswagen lance sa New Beetle, une Coccinelle d'aujourd'hui, mais qui nous rappelle tant de souvenirs. Depuis le film que l'on avait vu avec papa et maman, *Un monde fou, fou, fou*, jusqu'aux années *peace and love*, où c'était la voiture fétiche du jeune qui se voulait hippie. Tout spécialement pour ceux qui veulent posséder les mêmes signes extérieurs de richesse que leurs papas, ou que le papa de l'affreux petit voisin friqué, Triumph ressort son mythe *sixties*, la Bonneville, tandis que Ford relance sa Thunderbird avec un design inspiré des modèles de 1955 et 1957.

Les éditions Parigramme se spécialisent dans la nostalgie parisienne et proposent une collection « Je me souviens... » des arrondissements ou quartiers de Paris des années vingt à soixante-dix, « où l'on se rappelle les fêtes, l'animation des rues, les cours d'école et les terrains vagues, les personnages ordinaires ou hors du commun, les heures sombres ou gaies ». C'est presque un album de famille, on y retrouve un peu de son histoire quotidienne ou de celle que papy nous racontait quand on était petit. Le BHV a eu l'idée géniale d'ouvrir un « bricolo café », ambiance d'un atelier des années cinquante, où l'on peut à la fois prendre un petit noir et apprendre à manier une perceuse et trois boulons. Chacun y retrouve quelque chose de son grand-père, qui savait si bien expliquer tout ça.

Vive le kitsch !

Des marques qui semblaient avoir touché le fond de la ringardise refont surface, adoptées par ceux-là mêmes qui les avaient lâchement abandonnées en cours d'adolescence : Petit Bateau, et les 3 K : Kelton (vous vous changez ?), K-way (le plastique antipluie des scouts), Kickers (moches mais increvables). On se précipite sur les vêtements qui rappellent, qui évoquent. Tous les classiques sont ainsi un peu corrigés, du trench aux bottes, façon Courrège (1965) ou Vivienne Westwood. Il suffit d'être relooké pour réexister. Voyez Bally, revu par Scott Fellows, qui offre désormais des chaussures, des accessoires, et du prêt-à-porter « qui rendent le quotidien exceptionnel [1] ».

Dans un dossier intitulé « Le kitsch, c'est chic », *Télérama* s'interroge : « Est-ce un snobisme, une cucuterie la praline ? Une provocation, une rébellion ? » et constate que « les amoureux du kitsch éprouvent en tout cas une réelle tendresse pour ces objets des années 50-60, cendriers Ricard, boules à neige, nains de jardin [2] ». Comment expliquer autrement le retour de Monsieur Propre, effigie d'une lessive années soixante, qui figure désormais sur des T-shirts, porte-monnaie, cendriers, casquettes ? Il faut avoir au moins trente-cinq ans pour être sensible à ces souvenirs. Ils sont nombreux à fréquenter avec assiduité les brocantes et vide-grenier, d'où ils rapportent de véritables trophées qui leur rappelleront plein de choses. Mais pourquoi attendre le

1. *Le Nouvel Observateur*, 7 juin 2001.
2. *Télérama*, 22 novembre 2000.

week-end ? Les boutiques spécialisées kitsch se multiplient, notamment à Paris. Elles vendent très cher ce qui trônait sur le buffet de chez mémé Janine. Dans les jardins et sur les terrasses des urbains branchés, le nain, parfaitement ringard dans les années soixante-dix, est aujourd'hui furieusement tendance. Un vrai fantasme d'enfance et de conte de fées. Les meilleures adresses de magasins de récupération (on ne dit plus « fripe ») sont dans un guide branché[1]. Tout en convenant qu'ils ont pour la plupart un petit air nostalgique, le très sérieux *Business Week*[2] établit la liste des meilleurs produits de l'an 2000. Le scooter arrive en tête, suivi de la trottinette. À côté des modems sans fil et des protections antivirus, on trouve d'autres objets cultes pour bobos cadres, comme une moto surpuissante (celle que l'on n'aurait jamais imaginé pouvoir s'offrir quand on essayait de frimer sur un cyclo), une voiture « écolo-chic », un roadster qui passe de 0 à 100 km/h en moins de cinq secondes, un jeu vidéo dans lequel les joueurs commencent par créer les héros, de A à Z psychologie incluse, un plat cuisiné mais végétarien et bourré de vitamines et de minéraux, inventé par l'auteur de la BD Dilbert (où il se moque de nos us et coutumes de travailleurs stressés), ou encore des sites Internet qui proposent des parodies de séries et de films à ne pas mettre entre toutes les mains.

Sur les objets, la couleur « bonbon » marche à fond. Elle aussi a plein de choses à nous rappeler. Les couleurs sont donc majoritairement douces ou

1. François-Régis Gaudry, *Paris cool*, Parigramme, 2001.
2. *Business Week*, 18 décembre 2000.

acidulées. Elles apparaissent de façon incongrue, en tout cas inédite, sur les ordinateurs, montres, lunettes, voitures, sous-vêtements, coques de portables, électroménager, lampadaires, ventilateurs, bougies, verres, carreaux, coussins, plateaux, parquets, boîtes de sucrettes. Steve Jobs, le premier a avoir lancé l'ordinateur de couleur, propose le iMac « Flower Power », avec une carrosserie fleurie pour le plus grand plaisir des anciens babas coincés derrière leurs écrans. Pour l'ex-ado à couettes qui se souvient de ses petites robes d'hier, il existe aussi à pois. Le magazine des banquiers de la City, *The Economist*, s'interroge sur l'omniprésence du violet dans le monde des affaires. Mais que vient donc faire cette couleur symbole de la culture pop des années soixante et début soixante-dix, celle de *Purple Haze*, la chanson de Jimi Hendrix, et de Deep Purple (« violet profond ») ? Voici que les hommes d'affaires réputés sérieux, mais ils ont eu vingt ans entre 1965 et 1980, portent des chemises violettes, mauves, parme, lilas, aubergine. Il paraît que c'est *funky*, traduisez « rigolo-branché ». Et c'est « encore mieux si ça évoque les fortunes outrancières étalées de façon indécente. À l'époque romaine, c'était la teinture d'origine animale la plus difficile à obtenir, poursuit *The Economist.* Sous Jules César, le violet ne pouvait être porté que par l'empereur et sa maisonnée. Friquée et *funky*, c'est la couleur parfaite pour la nouvelle économie[1]. » C'est pourquoi les entreprises de NTIC en recouvrent leurs murs, mais aussi, prises d'une petite envie de folie, des sociétés immobilières ou des restaurants autrefois classiques.

1. *The Economist*, 12 mai 2001.

C'est d'autant plus important que l'on ne va plus n'importe où. Seulement dans les lieux où il faut être « vu » pour « avoir l'air » (jeune, bien sûr). On se presse dans les clubs branchés qui ont adopté les couleurs vives, les formes rigolotes et l'imagerie enfantine, pour des nuits furieusement endiablées. On y retrouve les idoles que l'on avait adorées puis vomies : Chantal Goya qui chante, *live*, ses airs de Bécassine, quand ce n'est pas Bernard Minet, des Musclés, Patrick Juvet, Jeanne Mas, Frank Alamo ou Jean-Luc Lahaye. Il y en a pour tous les âges, toutes les nostalgies. « Ces vedettes *eighties* des Sacrées Soirées de Jean-Pierre Foucault, désormais labellisées kitsch, reviennent en force, sollicitées par un public ravi », raconte *Télérama*[1]. Ceux qui en ont les moyens dînent dans les restaus *people*, c'est-à-dire m'as-tu-vu. On est là pour se montrer, on espère y être remarqué ou apercevoir une tête connue. Si on se bouscule dans les boutiques chic, c'est au moins pour pouvoir dire d'un air blasé : « Je connais » ou « J'y étais justement hier ». Pour le psychothérapeute Willy Pasini, « le plaisir "d'être là" pourrait bien résumer l'essence de tous les plaisirs post-modernes – la mode, l'image, le look, le paraître contre l'être, la présence contre l'absence. Et on le sait, les absents ont toujours tort[2]. »

Des voitures joujoux

L'impératif d'être vu, mais au bon endroit dans le bon look, s'applique également aux moyens de transport. On circule dans des véhicules qui ne

1. *Télérama*, 22 novembre 2000.
2. Willy Pasini, *La Force du désir*, Odile Jacob, 1999.

peuvent être que ludiques ou nostalgiques. C'est le règne de la voiture-jouet, Twingo, Smart, nouvelle Mini de Rover, ou New Beetle. Mais attention, celle-ci existe également en version limousine pour quelques centimètres de plus. Ce n'est pas fortuit : Volkswagen titille ainsi mes souvenirs d'ado tout en s'adressant au quadra cadre que je suis devenu. Pour les Américains, ces mini-véhicules rigolos restent une curiosité un peu excentrique. *Newsweek* rapporte la description d'une Smart par une Américaine découvrant cette petite chose pour la première fois en Italie : « Une bulle couleur sucette bleue avec des yeux de mouche, tout à fait adorable[1]. »

En France, les voitures récréatives, 4 × 4, « light trucks » (véhicule utilitaire devenu *hype* aux États-Unis avec plate-forme arrière) se vendent de mieux en mieux : « Ce sont les modèles de grand luxe, entre 42 000 et plus de 76 000 euros, qui, en frisant aujourd'hui les 20 % des immatriculations en France, battent tous les records de progression des ventes avec le taux impressionnant de + 70 %[2] ! » Puisqu'on demande à l'utilitaire d'être récréatif, et de préférence jouissif, on achète aussi plus de cabriolets et de coupés. Ils répondent à la soif de nostalgie, au goût de l'authenticité et à l'envie d'être original dans son mode de déplacement. Mais comme ce sont des papas qui les achètent, on les fait désormais en version familiale. Ces voitures-là promettent un « plaisir absolu », des « sensations pour adultes ». Les constructeurs vantent autant les avantages sensoriels que techniques : « On fait corps

1. *Newsweek*, 21 mai 2001.
2. *Le Figaro*, 6 août 2001.

avec le coupé X, on s'installe dans son intérieur ergonomique avec climatisation automatique. On savoure son moteur, ses soupapes, sa boîte six rapports, sa légèreté et la rigidité de son châssis, et on découvre sa réactivité et son incroyable stabilité. » Un vrai festin pour les sens ! À côté, les berlines classiques ne font guère rêver ; elles ne représentaient que 73 % des achats de voitures en 1999, contre plus de 80 % il y a quelques années, selon Gérard Mermet. Heureusement qu'un constructeur inspiré propose depuis 2001 une version transformable « à volonté » de sa berline en coupé, « pour que l'automobile soit toujours un plaisir ». D'autres, aux États-Unis seulement pour l'instant, mixent voiture de sport et pick-up. Ce concentré de fantasmes est *cool*, déclare *Business Week*, sortant de son registre lexical habituel, d'autant plus que cette nouvelle voiture est « parfaite pour transporter... des planches de surf ». Le même magazine se réjouit pour ses lecteurs hommes d'affaires du retour annoncé d'ici à 2003 de la camionnette culte (Volkswagen), qui fut *le* moyen de transport des hippies. Titre de l'article : « On the road again », c'est aussi celui d'une chanson de la belle époque où ses lecteurs avaient les cheveux longs.

C'est décidément dans les vieilles carrosseries qu'on fait les meilleures recettes. À l'époque elles étaient roses, mauves et vertes et portaient le signe *peace and love*. Celles-ci seront équipées d'une Playstation pour quatre passagers. Et voilà comment un magazine sérieux s'offre une petite tranche de transgression qui ne manque jamais de séduire le vieux routard qui sommeille en chacun de ses lecteurs quadras-et-plus. Les constructeurs (et les publicitaires) savent que le créneau est porteur : « Pour ceux qui ne pensent qu'à s'amuser, le Range Rover devient vite un partenaire des plus précieux. Il s'accommode de tous les terrains de jeux, bien sûr, mais reconnaissons-lui un petit penchant pour l'inhabituel, l'insolite ou même l'extravagant. » « Comme moi ? » se demande le quinqua ému. Le visuel montre une chenille sur laquelle est posé un bout de route en caillasse où trône le véhicule fantasme, le tout dans un superbe salon très « bobo », spacieux, avec canapés blancs, cheminée, déco minimaliste, grandes baies vitrées donnant sur un immense jardin. Un mélange d'hier et d'aujourd'hui. Hier, j'étais jeune et je faisais la route. Aujourd'hui, j'ai réussi, j'habite une maison (ou un rez-de-chaussée) avec jardin et c'est meublé design. Dans tes rêves, comme disent les jeunes.

C'est le même moteur qui a fait redémarrer les motos – et les motards. Ce sont surtout les quadragénaires qui sont concernés, par nostalgie, par goût de l'authenticité ou par souci d'échapper à la banalisation des deux-roues modernes. À plus de quarante ans, ils ont de l'argent. Ils avaient abandonné ce moyen de transport à la fin de leur prime jeunesse. Ils veulent des sensations ? Voici pour eux le retour des roadsters, qui remportent un énorme succès parce qu'ils procurent des sensations fortes tout en étant esthétiques, et parfois même confortables ; selon le magazine *Challenges*, ces engins suscitent « des sentiments puissants chez les motards souvent blanchis sous le harnais [1] ». Effectivement, la clientèle est définie comme « fidèle, aisée, post-baba et

1. *Challenges*, avril 2001.

sub-quadragénaire », et la marque qui connaît la plus forte progression est la mythique Harley-Davidson. Quand on n'a pas les moyens, on choisit le scooter, qui fait lui aussi un grand retour. Depuis 1997, ils sont plus puissants qu'avant (100 cm^3 au lieu de 80). Outre leur maniabilité qui leur permet de se faufiler presque partout (c'est la liberté !), ils ne manquent jamais d'évoquer des films cultes où Marcello (Mastroianni) faisait tomber les plus belles femmes, *Vacances romaines*, *La Dolce Vita*...

Des écrans et des images

Le numérique représente une nouvelle étape de « prothèse » visuelle. Les premières, la lunette de Galilée et le microscope du naturaliste Antonie Van Leeuwenhoek, qui permettaient de voir l'invisible d'alors, révolutionnèrent la « vision » du monde. Désormais, l'immédiateté et la profusion d'images ont pris le pas sur le temps de la réflexion. La technologie nous gave d'images et nous n'avons pas encore, pas tous, appris à nous y retrouver dans ce raz de marée visuel.

Télé, mon beau miroir

Tout a sans doute commencé avec la télé. Avec le numérique, la qualité s'améliore, rendant le spectacle encore plus agréable. D'autant plus si on a un super écran géant à cristaux liquides. Si, en 1989, un quart seulement des ménages possédaient un magnétoscope, les trois quarts en ont un désormais [1].

1. Nicolas Herpin et Daniel Verger, *op. cit.*

Nous sommes donc parfaitement équipés pour recevoir toutes les soupes télévisuelles. À moins d'être particulièrement maladroit, on a donc la possibilité de voir encore plus de programmes. « Vu à la télé » est un critère de qualité. Ces images omniprésentes, insistantes, tissent un lien entre tous ceux qui les regardent et qui croient que ce qu'ils voient est la vérité, une vérité « révélée ». Serge Tisseron explique que nous nous sentons reliés à une immense communauté par ces images. Elles produisent un effet bien différent des images d'hier qui représentaient Dieu ou des hommes politiques divinisés et qui étaient, en elles-mêmes, précieuses. Rien à voir avec nos images modernes, dont l'influence et la valeur augmentent proportionnellement avec le nombre de ceux qui y croient : « À travers l'image assénée, reprise en chœur et entretenue par un discours militant, c'est l'effusion dans le lien qui tient lieu d'idéal. Ce que le groupe feint d'adopter par idéal devient l'idéal même, et cet idéal est cimenté par deux images complémentaires : celle du groupe communiant dans l'idéal et celle de l'image confondue avec la réalité [1]. »

On achète des appareils photo numériques qui ne « ratent aucune photo » et des logiciels de retouche informatique des images, des caméscopes avec lesquels les effets spéciaux, le montage et les effets sonores sont un jeu d'enfant. On joue à tout transformer, tripoter, bidouiller. Avec le numérique et le DVD enregistrable, on retrouve les scènes, les photos que l'on veut en un rien de temps. Non seulement notre désir de tout voir, de tout regarder est

1. Serge Tisseron, *op. cit.*

comblé, mais on peut toujours acheter plus et mieux. De nouveaux gadgets sortent chaque mois, comme dans *Pif gadget*, et l'adulescent aisé adore s'acheter les nouveautés technologiques : c'est rigolo et c'est aussi une façon de s'affirmer aux yeux des autres. « Je l'ai eu avant tout le monde. »

Après une dure journée de soucis, on aime se faire un bain de douceur et de facilité. On regarde la chaîne spécialisée dans le créneau « jeunes adultes qui se prennent pas la tête ». « Nulle part ailleurs » visait ce public 25-35 ans, mais, comme le dit Denis Olivennes, ancien directeur général de Canal+, « la formule s'est usée et institutionnalisée. Or Canal+ c'est tout sauf une institution [1] ». La chaîne a donc recherché autre chose qui parle à ces jeunes et vieux restés jeunes, et fait appel à celui qui les a tous fait délirer quand il était Nul : Dominique Farrugia.

Les programmateurs, qui aiment tant la ménagère de moins de cinquante ans, ont conçu pour elle des jeux plus infantilisants que jamais. Dans « Les Z'amours », on vient raconter sa vie de couple, les petits travers de son partenaire et ses manies. On lui tape sur la tête avec un carton s'il s'est trompé. On a entre vingt-deux et soixante-dix ans. On a retrouvé le plaisir un peu vil de se moquer des gringalets et des cancres en regardant « Le Maillon faible », où l'animatrice, habillée en méchante prêtresse, condamne les plus faibles à sortir du plateau. Sans un centime et dans la honte. On a suivi les affres des lofteurs pendant soixante-dix jours, car on y a retrouvé de multiples plaisirs. Des petites joies oubliées (médisances et complotages entre filles,

1. *Télérama*, 20 juin 2001.

plans foireux des garçons), des audaces jamais réalisées (s'exposer corps et âmes devant tout le monde, vivre dans une communauté avec un chef invisible mais sévère qui dicte toutes les règles et punit quand il n'est pas obéi), des curiosités à jamais inassouvies (regarder par le trou de la serrure ou bien avec les jumelles de papa, écouter aux portes, ou encore épier dans un mélange d'épouvante et d'émerveillement les trucs « sales » que faisaient les gorilles au zoo pendant que maman ne nous regardait pas). Soixante-dix jours de fantasmes d'adolescents livrés à la maison gratuitement.

Pour des raisons toutes différentes, on n'aurait raté pour rien au monde le grand retour des séries cultes de notre enfance : *L'Île aux enfants*, *Bonne Nuit les petits*, *Capitaine Flam*, *Candy*, *Goldorak*, *Belphégor*, il y en a pour toutes les générations au-dessus de vingt-cinq ans. Elles sont aussi disponibles en cassettes vidéo. Pour les accros, il y a « La Nuit des séries », où l'on fait le plein de nostalgie, mais c'est encore mieux quand c'est thématique. Vive la nuit Gloubi-boulga ! On est plus dubitatif quand on va voir les *remakes* cinématographiques des séries de notre jeunesse : *Le Fugitif*, avec Harrison Ford, *Les Incorruptibles*, de Brian de Palma avec Kevin Costner, Sean Connery et Robert de Niro, *Mission impossible*, avec Tom Cruise, *Le Masque de Zorro*, avec Antonio Banderas et Catherine Zeta-Jones ou *Charlie et ses drôles de dames*. Objectivement, c'est mieux réussi, c'est aussi toujours plus sexy, mais... il y manque quelque chose. Malgré tout, le filon nostalgique est bon (conjugué à l'absence d'idées originales), Starsky et Hutch, les deux flics ringardissimes mais ô combien sympathiques, débarquent bientôt sur les écrans.

Aujourd'hui, on n'a plus honte de dire que l'on regarde des feuilletons télévisés. Des séries destinées au départ à un public d'ados remportent un énorme succès auprès des cadres dynamiques et des intellos. C'est le cas de *X-Files* ou d'*Urgences*, qui jouent sur le duo fascination/répulsion pour la mort et ce qui l'entoure. Chez *Ally McBeal*, tous les personnages, avocats, employés et même clients du prestigieux cabinet, ont des affaires de cœur aussi compliquées que s'ils avaient seize ans. « Tout ici fait référence à l'imaginaire. C'est une série posée comme échappatoire de la réalité, explique Madeleine Riter-Docate, psychothérapeute et sociologue. C'est également un vrai bain de déculpabilisation. Lorsqu'on la regarde on ne peut que se sentir vernie, tous les chagrins s'abattent tellement sur ces pauvres gens : ils sont quand même tous proches de l'internement. Ally, c'est le triomphe flamboyant de l'anti-héroïne, la faiblesse comme étendard. » Quant à *Dawson*, « cette série est une mine de souvenirs et d'émotions pour les plus vieux encore jeunes ».

Enfin, il paraît que les femmes s'estiment « beaucoup plus fortes et sûres d'elles après avoir visionné un épisode de *Buffy*, elles se sentent prêtes à affronter n'importe qui ». 25 % des téléspectateurs de cette série, dont l'héroïne combat (et vainc toujours) des vampires funestes et autres esprits malins, ont largement dépassé la trentaine, mais le pourcentage de celles qui s'identifient à elle est bien plus élevé. Un mouvement féministe de Boston a même adopté Buffy comme emblème. D'après Madeleine Riter-Docate, Buffy, avec son pieu antivampire, serait la figure féminine des temps actuels. La nouvelle femme, débrouillarde, agressive, qui se bat seule. Le fait qu'elle soit vierge est un atout supplémentaire pour les féministes américaines de cinquante ans, qui regrettent de s'être tant battues pour la libération sexuelle vu qu'elle leur pose beaucoup plus de problèmes qu'elle n'en résout. Buffy au moins a tout compris.

En regardant *Friends*, qui présente une bande d'adolescents tardifs, sans vrai métier, sans vraie situation, et qui n'assurent pas vraiment, on se dit qu'on n'est pas tout seul à être aussi paumé. Monica a les mêmes problèmes que moi avec sa mère, c'est très rassurant. Chandler a des comportements de préado empoté avec les filles, c'est rafraîchissant. On a même inventé *Sex and the City*, la série qui a l'air destinée aux adultes, parce qu'elle est « crue », mais dont les héroïnes nagent dans l'immaturité affective... Comme quoi, même si on réussit professionnellement, on n'est pas plus avancée.

Ciné : ma vie en rose

Même bilan du côté des films, qui ont parfois d'abord été des best-sellers, et qui présentent de jeunes adultes aux comportements immatures. Le meilleur exemple en est *Le Journal de Bridget Jones*, réalisé par Sharon Maguire, dans lequel l'héroïne, trente ans, passe son temps à noter ses kilos, ses calories, ses amants, ses verres d'alcool, et se désespère de la vacuité de son existence. Dana Polan, professeur de cinéma à l'université de Californie du Sud, attribue le succès de *Mary à tout prix* des frères Farrelly aux frustrations ambiantes : « La vie n'est que routine, alors on rêve de briser les tabous, d'enfreindre les règles. On le fait à travers le cinéma, et ça défoule. »

La volonté d'échapper au réel et au quotidien oppressant explique sans doute l'excellent accueil public des films qui font la place belle au fantastique et à un imaginaire adolescent : *Sixième Sens*, *Matrix*, *Le Projet Blair Witch*... Il y a du mystère et cela fait peur (très). D'autres utilisent les ingrédients de nos lectures d'enfance. Dans *Sleepy Hollow*, de Tim Burton, un esprit tourmenté fauche les têtes, mais le village est sauvé par l'arrivée d'un policier (très beau) aux méthodes controversées par les habitants. Encore un héros seul contre tous. En plus, il tombe amoureux. Dans *À tombeau ouvert*, Scorsese met en scène trépassés et fantômes – personnages de l'imaginaire enfantin –, mais c'est ainsi que le héros finira par retrouver la paix (intérieure).

Pour les mêmes raisons, *L'Histoire sans fin*, ce film tiré du roman de Michaël Ende, avait séduit un large public adulte dans les années quatre-vingt, mais rien n'égale le phénomène Harry Potter, cet orphelin magicien, élève d'un collège pour apprentis sorciers, entouré de gentils et de très méchants. Plus de cent millions d'exemplaires de ses aventures ont été vendus dans le monde. Un best-seller mondial (traduit en trente langues) et pas seulement chez les juniors. Les quatre premiers tomes ont fait l'objet d'une édition spéciale pour adultes (même texte mais couverture plus sobre), avant de passer en poche, format dédié aux enfants... Ils ont tous battu les records de durée en tête des best-sellers, catégorie jeunesse et adulte.

Livre pour enfants ? Livre pour adultes ? Il n'y a que ceux qui n'ont pas lu *Harry Potter* qui se posent encore la question : Harry se lit, se dévore, se prête, se raconte, jusqu'à devenir un livre culte dont on attend frénétiquement la suite, debout, en pyjama, devant une librairie ouverte la nuit !

Ces aventures ont absolument tout pour nous plaire : c'est *Les Misérables* (pour le côté orphelin élevé par les Thénardier) + *Oliver Twist* (pour son origine aristocratique) + *David Copperfield* (pour la discipline très dure, typiquement anglaise, du collège Poudlard, où ne peuvent d'ailleurs entrer les Moldus, simples mortels) + *Le Club des cinq* (pour l'amitié avec Weasley et Hermine) + *Merlin l'enchanteur* ou *Star Wars* (pour le Nimbus 2000, équivalent d'Excalibur pour le roi Arthur ou le laser de Luke Skywalker) + *Blanche-Neige* (pour la magie et ses maléfices). Il y a même le prof parfaitement injuste qui déteste le petit Harry que j'étais moi aussi. On y croit à mort, on enfile sa cape d'invisibilité et on tremble au seul nom de Voldemort, l'incarnation du Mal. Même *Le Monde* s'est laissé séduire : « *Harry Potter* vous ensorcelle dès les premiers paragraphes et vous procure un sentiment continu de jubilation. »

Il en va de même indéniablement avec *Shrek*, ce conte où le héros ôte la cire crasseuse de ses oreilles pour en faire des bougies, lâche des pets pestilentiels, mais tombe amoureux de la belle princesse, comme tous les gamins de la Terre. Tous les personnages de Disney sont là, les Pinocchio, Blanche-Neige, Robin des Bois, Cendrillon, trois petits cochons, grand méchant loup. Ils ont été chassés du royaume par le vilain roi, « qui doit avoir des problèmes » vu l'apparence de son phallique château. Tout va s'arranger, mais ce ne sera pas facile parce que l'âne qui sert de guide est un bavard compulsif, et collant en plus. On nage en pleine dérision jubilatoire. C'est tellement bon de fouler aux pieds les mièvreries de quand on était petit. On l'a déjà fait quand on était ado, mais là, c'est encore mieux. L'adulescent se venge ainsi de sa propre nostalgie disneyenne, où les gentils étaient tous attendrissants et mignons, et les méchants pas beaux vilains. D'ailleurs, le royaume du méchant ressemble à un Disneyland, files d'attente de quarante-cinq minutes comprises. Tout y est policé, réglementé...

Shrek est la dernière production de DreamWorks, une compagnie créée par Steven Spielberg, qui est lui-même un emblème de la génération adulescente. Pour le journaliste Rex Reed, « il y a deux Steven Spielberg, l'artiste sophistiqué, méticuleux, qui s'engage à redresser les torts, à réparer l'injustice, à rétablir la vérité historique, et le petit garçon fasciné par les jouets, les jeux vidéo et les bandes dessinées futuristes [1] ». D'un côté, *La Couleur pourpre*, *Amistad*, *La Liste de Schindler*. De l'autre, des films qui évoquent l'éternel adolescent ou s'adressent à lui, à ses rêves et à ses cauchemars de toujours : *Les Dents de la mer*, *E.T.*, *Les Aventuriers de l'arche perdue*, *Jurassic Park* et surtout *Hooks*, reprise du mythe de Peter Pan, un Peter Pan devenu quadragénaire, incarné par Robin Williams, l'acteur adoré des enfants. Pour Spielberg adulte, c'est une façon de revivre une histoire d'enfant. Jamais sans doute le cinéma n'a-t-il été à ce point le miroir du réel et de l'imaginaire. Ces deux côtés ont voulu se rencontrer dans son dernier film réalisé sous l'égide testamentaire de feu Stanley Kubrick, qui est non seulement le père de la science-fiction au cinéma (*2001,*

1. *Evening Standard*, 21 juin 2001.

l'Odyssée de l'espace) mais le père spirituel et mentor de Spielberg. *I.A., intelligence artificielle* est « un conte de science-fiction qui parle aux émotions de l'enfant à l'intérieur de chacun, de 9 à 90 ans » ; dans un monde déshumanisé, où tout est réglementé par l'État et effectué par des robots, un chercheur met au point une nouvelle sorte de robot, joué par Haley Joel, qui jouait l'enfant mystérieux de *Sixième Sens*. Ce gentil robot est capable de ressentir des émotions et de rêver. Mais ses parents adoptifs sauront-ils encore l'aimer lorsqu'il aura si bien appris à imiter les humains qu'il sera lui aussi capable de mesquinerie, de jalousie, de colère ? La question est posée.

Pas de questions, seulement de jolies images et des sentiments effleurés, tel est le secret du succès (plus de huit millions de spectateurs) du film *Le Fabuleux Destin d'Amélie Poulain*, l'histoire d'une petite fée qui repeint la vie des gens un peu malheureux en rose, dans un Paris d'hier, colorisé, voguant entre Prévert et Doisneau. C'est un film qui met de bonne humeur, un état que l'on n'arrive plus très bien à retrouver. Quand on était petit, être « grognon » était inconvenant ; on nous ordonnait de cesser de bouder ou d'aller dans notre chambre. Maintenant, on est tout le temps de mauvaise humeur, jamais content, mais on a des excuses, car le monde est drôlement tordu et compliqué. C'est un film qui rassemble, consensuel au possible, comme on les aime ; il a fait l'unanimité chez les politiques de tous bords. Tout le monde d'accord ! Beaucoup ont dit qu'on ne pouvait que s'identifier à ces personnages, alors qu'en réalité personne ne voudrait jamais ressembler à aucun d'eux. Avec *Amélie*, comme avec *Le Grand Bleu*, qui a été culte pour ceux qui ont aujourd'hui trente ans, on navigue dans des univers rassurants mais parfaitement irréalistes, primitifs, tout bleu chez Luc Besson, tout rose chez Jean-Pierre Jeunet.

Pour la soif d'aventure du petit garçon qui demeure au fond de chacun, l'avenir cinématographique réserve un monceau de caprices. Jun Aida, coproducteur du film *Final Fantasy*, explique que « dans quelques années, nous espérons introduire sur le Net une nouvelle forme de divertissement fondée sur le virtuel. Nous allons réaliser des films virtuels où le spectateur prendra la place du héros. Voulez-vous vous engager dans la marine ou entrer à la fac ? Épouser l'héroïne ou partir en voyage en Europe [1] ? ». Ce sera possible ! On sera le héros de son propre film. C'est exactement ce que font les enfants...

Beautiful lonesome heroes

Les jeux vidéo visent avant tout un public d'enfants et d'ados. Mais leurs scénarios simplistes et guerriers et leurs héroïnes sexy attirent une clientèle masculine de jeunes adultes. Ils provoquent un tel engouement que certains prédisent que le roman du XXIe siècle sera un jeu vidéo. Pour le lancement de la deuxième version de sa Playstation, Sony a fait appel à David Lynch, réalisateur des films marquants de notre adolescence, *Elephant Man*, *Twin Peaks*... Le film publicitaire dit que la PS2 « accapare votre homme toutes les nuits ou presque » et qu'elle est « le nouveau motif de divorce signé

1. *Le Point*, 3 août 2001.

Sony ». En effet, contrairement à la première version, la PS2 ne drague pas les enfants, mais les 15-45 ans, avec un cœur de cible entre vingt et trente-cinq ans. Elle coûte cher (presque 457 euros) mais comprend quantité de gadgets indispensables, lecteur DVD, CD, ordinateur avec connexion Internet pour télécharger des films ou jouer à d'autres jeux vidéo en réseau. Lara Croft, héroïne de *Tomb Raider*, est une Barbie métissée de Rambo, qui répond ainsi à tous les fantasmes masculins : femme-objet, mais aussi maîtresse-femme ; elle peut même vous coller des raclées. Elle a un gros problème avec son papa, mort par sa faute, ce qui fait d'elle sa débitrice éternelle, mais c'est une héroïne sans peur et aucun reproche (aucun amant connu à l'horizon), et elle sauve le monde.

Son succès a donné naissance à toute une série de cybergirls à la plastique plus que parfaite, et qui règnent sur le Net. Elles ont bien sûr moins de trente ans, des métiers « sympa » : journaliste, détective, mannequin, etc. Au moins, elles sont sans surprise, toujours conformes à ce que l'on attend d'elles. Et pourtant elles vieilliront, même sans rides.

Puisque les héros se vendent bien, il est logique que la bande dessinée en profite. On compte plus de cent festivals de bande dessinée en France, et une semaine sur deux un album BD est en tête des ventes au classement de *Livres-hebdo*. Pétillon, avec son *Enquête corse*, remporte l'Alph-Art 2001 du meilleur album au festival d'Angoulême. Toute ressemblance avec des faits ayant existé est la preuve que la BD n'était décidément pas une lecture destinée seulement aux enfants. Benoît de Pelloux, auteur et dessinateur de bande dessinée, a commis

L'Élixir d'éternité[1], dans lequel l'héroïne, Assia, n'a qu'une obsession : rester jeune et belle. Un sujet qui ne passionne guère les moins de vingt ans. La quête de cette combattante infatigable consistera à trouver de par le vaste monde les ingrédients de la potion magique de jouvence. Dans les années quatre-vingt-dix, Tintin a connu son *revival* (qui dure encore). Normal, les héros de notre jeunesse nous rappellent tant de bons souvenirs. Lucky Luke se maintient tandis que Blake et Mortimer (qui passent régulièrement leur été dans *Télérama*) ont survécu au décès de leur auteur. Et quand on en fait des films avec Astérix, les parents sont ravis pour une fois d'aller au cinéma avec Édouard et Margaux. Les enfants n'en ont pas fini avec les resucées : Blake et Mortimer, Blueberry et Jack Palmer, le détective de l'*Enquête corse*, sont attendus, en chair et en os, sur les écrans.

Les icônes des anciens adolescents aident à vendre des tas de choses aux adultes qu'ils sont devenus. Pour un parfum (pour hommes), voici les aventuriers, beaux, séduisants, mais seuls, qui les ont tant fait rêver. Style « I'm a poor lonesome cowboy » en plus sexy. C'est le mystérieux mais si courageux et toujours solitaire Corto Maltese (qui, lui, passe ses étés dans *Le Figaro*), ou Largo Winch, « sans famille, sans attache, contestataire, coureur, vagabond, iconoclaste et bagarreur ». À vingt-six ans, c'est un « milliardaire en blue jean »... On lisait avec émotion, et non sans un certain trouble, leurs aventures le soir dans son lit. La nostalgie n'a pas de prix. Le *Financial Times* s'étonne de celui que sont

1. Benoît de Pelloux, *L'Élixir d'éternité*, Albin Michel, 2001.

prêts à mettre les fans de Blanche-Neige pour une planche de dessins animés (174 072 euros). « Les dessins des cartoons qui réveillent en nous l'enfant sont en train de changer de mains à des tarifs réservés aux adultes fortunés. » Castelbajac, l'acharné de la nostalgie, avait choisi Alice (au pays des merveilles) comme thème central de son défilé Supranatural en mars 2000, et l'a ressortie pour la décoration des vitrines de Noël 2000 des Galeries Lafayette, aux côtés de Barbie et de Pikachu, dans une ambiance rétro très BD.

Communautés et « branchitude »

Internet est un rêve marxiste, c'est la révolution continue ! Bientôt Internet ne sera plus seulement au bureau ou à la maison. On attend le *véritable* ordinateur portable, un casque relié à une ceinture, et hop, c'est parti. Comme Lara Croft au cinéma, qui porte un casque Bluetooth d'Ericsson ; elle se connecte directement, sans fil, à son ordinateur portable qui résiste à tous les chocs mais qu'elle peut avoir oublié dans la pièce à côté ou à l'autre bout du monde. Elle utilise aussi un écran, sans fil, qui doit être très léger puisqu'elle le tient allègrement à la main, et qui obéit à ce qu'elle dit (reconnaissance vocale), lui ouvre le monde virtuel (accès Internet et e-mail), lui permet d'envoyer et de recevoir des messages téléphoniques, et sert en outre de carnet d'adresses pour ne pas se perdre. En couleur, évidemment. Je parle, j'écris, je lis, on me répond, je suis partout. Un ineffable sentiment d'omnipotence, d'omniprésence même, nous étreint. Comme quand on était tout petit et que tout allait forcément s'arranger.

On peut aussi effectuer ses achats, ses virements bancaires, grâce à Internet. Plus besoin de se déplacer. Les petites corvées quotidiennes se font ainsi uniquement avec les yeux et les mains... Même pour « voir » des copains : on « parle » sur des forums Internet. On visite tous les musées du monde grâce aux CD-Rom ou aux sites. On achète aux enchères des œuvres d'art. Avec les logiciels, type DivX, on fait soirée cinéma par Internet, en plein écran. Sur les forums, on dit tout ce qui nous passe par la tête, dans l'instant. Le courrier lui-même n'est plus ce qu'il était ; on a le droit de faire des fautes, c'est un style ou bien c'est la frappe qui déconne. On est spontané, et c'est d'ailleurs pourquoi le style est moins léché. On se tutoie plus facilement, on ne met pas forcément de formule de politesse, d'ailleurs, « Je vous prie de croire, Monsieur, en l'assurance... » est devenu parfaitement ridicule. On n'y pense même plus avec les SMS, les textos, dont les constructeurs n'avaient pas imaginé le succès. On a 160 espaces pour dire tout ce que l'on a sur le cœur. Ça donne du compressé : « T ou ? » (T'es où ?), « Je C pa », « GHT dé super pomp », « Je t'm », « Pourkoi ? » (Pourquoi ?), « Pq » (Parce que).

Le téléphone mobile n'en est devenu que plus indispensable. Objet chargé émotionnellement, il se doit d'être joli. Esthétique. On lui achète des coques de couleur que l'on change et assortit à ses humeurs et à l'événement du jour. S'il est muni d'une anse, c'est pour susciter une « irrésistible envie de le porter ». Parmi les wap, c'est clair, ce qui fera la différence entre toutes les marques, c'est uniquement le

« côté sexy de la machine », rapporte *Epok*[1]. Et voici qu'arrivent les premiers visiophones mobiles, qui vont rendre caduc tout ce que l'on avait d'inédit jusqu'à présent. On peut non seulement voir son interlocuteur, mais aussi jouer en réseau et suivre un programme télé. Et ça fait également calculette, fax et accès à Internet. On pourra même télécommander depuis son bureau ses appareils ménagers, chauffage, frigo, four... Sentiment de puissance et d'ubiquité en prime.

Où que l'on aille, on n'échappe pas aux images. Les affiches publicitaires sont partout, sur les murs, les arrêts d'autobus, les culs-de-bus, les taxis, les camions, les façades des immeubles, les palissades, les échafaudages, au sol sur les trottoirs, au sol dans les bureaux, et maintenant elles bougent grâce aux écrans à plasma. La pub est aussi dans les magazines, à la télé, à la radio, au cinéma, sur les écrans d'ordinateurs. Depuis l'invention du marketing, elle joue sur l'identification, le sentiment d'appartenance ou de « branchitude ». On a le même shampooing que cette actrice, la même crème que ce top-model, le même pull que cette présentatrice télé. On choisit le même Palm et la même voiture que Claudia Schiffer, on boit la même eau, on mange les mêmes biscuits, on fait ses courses au même supermarché que ce footballeur. Nos boîtes aux lettres regorgent de prospectus et de catalogues qui promettent plages de rêve, voitures de luxe et filles canon, même pour nous vendre un placement à 3 % à la BNP ou – 10 % sur le gigot d'agneau pendant les deux jours superépatants à Superminux.

1. *Epok*, avril 2001.

D'après Beigbeder, bien placé pour le savoir, entre sa naissance et l'âge de dix-huit ans, un individu est exposé en moyenne à 350 000 publicités. Et le rythme s'accroît, car on découvre tous les jours de nouvelles façons de happer notre œil. Certaines s'adressent directement à notre inconscient d'adulescent. Évian a fait plus fort que tous en la matière. Serge Tisseron a décortiqué[1] le spot qui montre des bébés virtuels parfaitement heureux, explosant de joie dans un milieu utérin partagé. « Ces ébats ne sont pas seulement l'image d'une juxtaposition de bonheurs individuels, mais aussi celle d'un "être ensemble" réussi, la réalisation d'un fantasme de groupe heureux. [...] Le réalisateur a su opportunément exalter avec le même bonheur les "bulles" individuelles où chacun aime parfois à s'enfermer et les grandes compositions collectives. [...] Cette métamorphose magique s'appuie à la fois sur l'exaltation d'une image de soi éternellement jeune, libérée de la double charge de la pesanteur et de la vieillesse, et sur celle de l'image d'un groupe parfaitement synchrone. » Montrer les sexes des bébés en plan serré n'est pas complètement innocent. Ces bébés sont sexués, et l'eau d'Évian leur donne bien du bonheur. Ils sont libres et heureux, ensemble, une communauté comme les hippies en ont rêvé.

Plus de cinq cent mille webcams ont été vendues en 2001 et il existe en France plus de quinze mille sites Internet personnels. Comme la *real TV*, les webcams transmettent la banalité et la platitude. C'est un moyen pour l'« anonyme » de faire comme

1. Serge Tisseron, *op. cit.*

les *people* dont les photos emplissent les magazines. Paradoxalement, l'individu ordinaire en sort magnifié et devient un héros éphémère, connu, dans un monde où il faut savoir se faire voir et valoir. Andy Warhol l'avait prédit, nous avons désormais les moyens de vivre notre quart d'heure de célébrité. Il suffit d'acheter la machine qui va avec. La tendance gagne les hommes politiques, qui nous montrent de plus en plus souvent leur cuisine, leur conjoint, enfants, chats et chiens. À l'inverse, les stars surexposées ne veulent pas être photographiées sans autorisation. Loana, lofteuse volontaire, a intenté des procès à ceux qui dévoilaient sa vie privée – que treize millions de Français avaient observée pendant soixante-dix jours. Dans cette euphorie de l'image, tout ce qui est montré est calculé, soigneusement mis en scène. « Nous avons beau savoir avec notre esprit que toutes les images sont des constructions, nous ne pouvons pas nous empêcher d'y adhérer, émotivement et corporellement, comme à des vérités [1]. »

C'est fatigant. Angoissant, même. Dans ce règne du paraître, des apparences trompeuses, de la vraisemblance et des faux-semblants, les rapports sociaux s'articulent désormais autour de cette dialectique : entre l'exhibition et le voyeurisme... Pour Dick Pountain et David Robins, auteurs de *L'Esprit « cool »*, c'est typique de la mentalité *cool*, qui préfère le coup d'œil au regard lourd de sous-entendus : « Le cool ne dévisage pas autrui. Il ne regarde pas, il désire être regardé. Cela ne signifie pas que le coup d'œil cool est passif, mais plutôt qu'il est déta-

1. Serge Tisseron, *op. cit.*

ché ; il exprime une indifférence qui met l'autre au défi d'attirer l'attention [1]. » Il reste un abîme étrange entre l'individualisme forcené et l'indépendance revendiquée, d'une part, et le besoin impérieux de l'œil de l'autre, de l'appréciation d'autrui, d'autre part.

L'autre paradoxe concerne ce qui doit rester occulté : la mort, qui est virtuelle dans les films, jeux vidéo ou dessins animés, et invisible dans la réalité. Cela pourrait choquer et déranger le mythe de l'éternelle jeunesse, si proche du mythe du paradis terrestre. On a peur de vieillir car on croit que c'est le début de la mort. Pour ne plus y penser, on fait des tours de passe-passe. Les « seniors » sont des vieux qui sont jeunes. Quand les seniors deviennent vieux, ils disparaissent ; on les place en maisons de retraite, hors la ville, pour ne plus voir les vieillissants au milieu du monde des actifs, des vivants. 75 % des décès ont lieu à l'hôpital ou dans une maison de retraite. Le philosophe George Berkeley disait qu'exister, c'est être perçu. Il est de plus en plus fréquent que les enfants devenus adultes vivent dans une autre ville que leurs parents et grands-parents. Du coup, on est moins conscient de la période qui précède leur mort. Et même quand ils meurent, on les embaume (30 % des familles le font, selon Gérard Mermet) afin qu'ils aient l'air moins morts, avant de les incinérer pour qu'il n'en reste rien. Les cérémonies funéraires sont plus simples et intimes, moins spectaculaires. Enfin, on n'affiche plus de signes extérieurs de deuil. Non, décidément, les

1. Dick Pountain et David Robins, *L'Esprit « cool ». Éthique, esthétique, phénomène culturel*, Autrement Frontières, 2001.

morts ne doivent pas déranger les vivants. On ne supporte pas non plus la perte, le deuil. Ce qui demandait du temps pour cicatriser doit être réglé au plus vite et se traite par chimiothérapie ou psychothérapie « courte [1] ». Et pourtant, à part les ados, tout le monde a pu vérifier la valeur thérapeutique du temps.

1. Pierre Lembeye, *Nous sommes tous dépendants*, Odile Jacob, 2001.

Chapitre 2

Le démon des mots et des sons

> « Le silence se meurt, le bruit prend partout le pouvoir ; c'est la seule calamité écologique dont personne ne parle. »
>
> ALAIN FINKIELKRAUT, extrait d'une interview dans *Libération*, 15 janvier 2000.

Le silence a disparu du monde moderne. Paroles, bruits, sons, musiques, les adulescents accumulent les décibels à pleins tubes et sous toutes les formes. Le bruit est permanent : circulation, travaux, voisins, appareils électroménagers, avions, ordinateurs, connexions Internet, fax, radio, télé. On n'existe pas si on n'est pas « au courant ». C'est un vrai boulot car, au XXIe siècle, être informé ce n'est plus seulement attraper le flash d'informations ou le journal de vingt heures. Il s'agit d'une immersion, délibérée mais pas encore très sélective, dans l'océan des infos existantes.

La musique elle aussi est omniprésente à la maison et dans la voiture, et inévitable dans les magasins, salles d'attente, ascenseurs, parkings, halls d'accueil, attentes téléphoniques... On écoute des musiques « jeunes » ou de quand on était jeune ; je danse sur des musiques techno, donc j'ai toujours vingt ans. Johnny n'a pas changé, il déménage toujours en scène, il a toujours vingt ans. À quand la prochaine tournée des Rolling Stones ? Jean-Charles de Castelbajac, cinquante et un ans, aime se souvenir de son premier voyage à Londres, où il assista au concert des Yardbirds, un groupe rock des *sixties* : « La musique m'a ouvert l'esprit. C'est un formidable moyen de ne pas avoir d'âge[1]. »

Les bruits de la ville

Ce n'est pas nouveau ; la vie urbaine moderne ne laisse pas de répit, pas d'intermède à ce bain sonore. La sonnerie du réveil, qui est aussi paroles ou musique, nous fait ouvrir l'œil. Les rasoirs, sèche-cheveux, cafetières bourdonnent. Le micro-ondes signale bruyamment qu'il a fini son travail. L'interphone résonne avant que le visiteur ne sonne à la porte. Les téléphones, mobiles, et les bipeurs retentissent sans cesse. Dans la rue, outre le bruit des moteurs, des travaux et des conversations, on perçoit toutes sortes d'avertisseurs, Klaxon de voitures, signaux répétitifs de camions effectuant une marche arrière, sirènes d'alarme. Ultramodernes, les connexions fax et Internet produisent un sifflement strident qui rappelle celui des locomotives dans les westerns.

1. *Madame Figaro*, 19 mai 2001.

Ces bruits forment un bain sonore constitué d'une « substance continue, extrêmement complexe, où se mêlent les bruits de la rue, les musiques dites "d'ambiance" et le bourdonnement des conversations des personnes plus ou moins rapprochées[1] ». Drôle de substance, en effet, qui colle aux oreilles et anesthésie. Nous ne sommes pas toujours conscients du brouhaha ou du vacarme. Nous arrivons à les oublier, ils sont alors intégrés aux bruissements environnants. Nous n'y prêtons pas vraiment attention, sauf peut-être lorsqu'ils finissent par nous mettre dans un état curieux, entre excitation et mélancolie, sans qu'on sache bien pourquoi.

Tout fait du bruit, même les sacs en plastique des supermarchés, mais ne croyons pas que c'est anodin ; c'est quasi thérapeutique ! Du moins pour ceux qui savent entendre : « Sitôt ouverts, ces sacs nous réservent une surprise. Ces emballages conçus dans un esprit absolument utilitaire résonnent des mêmes bruits que les plus craquants de nos papiers cadeaux. Le sac en plastique déplié et froissé offre à nos oreilles les mêmes bruissements que ceux qui entourent l'arbre de Noël[2]. » Les joies de la consommation sont inépuisables ; avant, on achetait des verres, c'était utilitaire, on s'en servait pour boire. Éventuellement pour dresser une belle table s'ils étaient en cristal. Les mêmes aujourd'hui nous font entendre la « musique de nos sens ». Et quand on ne veut plus entendre les autres et leur brouhaha, on se met un baladeur sur la tête, avec de la musique dedans. J'oublie tout et je m'imagine ce que je veux.

1. Serge Tisseron, *op. cit.*
2. *Ibid.*

Allô ? Ne coupez pas...

Les communications téléphoniques se sont multipliées. On peut avoir deux interlocuteurs simultanément avec le R2. Le R3 se propage et autorise les conférences à plusieurs. À la maison, les familles ont plusieurs combinés téléphoniques, et parfois plusieurs lignes. Chacun la sienne, c'est perso. On discute, on raconte, on papote, on rapporte, on échange. Encore mieux, chacun a son mobile : je téléphone à qui je veux, quand je veux, où je veux, à mes potes, à ma famille, à mon patron. Je leur dis tout et rien. Le mobile « ressuscite l'enfant qu'on a été et l'adulte auquel on rêvait de pouvoir communiquer ses pensées à la fois les plus délicieuses et les plus angoissantes[1] ». Avantage non négligeable : on peut faire de petits et gros mensonges. « Je t'appelle du bureau... » Quoi qu'il arrive, il s'agit aussi d'être toujours en lien avec sa tribu et d'être connecté, notamment aux services de secours en cas d'urgence ou d'imprudence. Quelqu'un peut toujours venir à mon secours, comme quand on criait « Maman ! » en cas de gros chagrin. On peut commander des pizzas, demander des renseignements et les obtenir sans délai. Vous cherchez un restaurant ouvert à vingt-trois heures dans une ville inconnue ? Demandez, et l'information vous sera donnée, c'est d'une simplicité enfantine. « Vous avez demandé la Lune ? Ne quittez pas. » C'est le rêve soixante-huitard presque exaucé : « Soyez réaliste, demandez l'impossible ! »

1. *Ibid.*

L'option « mains libres » ne fait pas que libérer les mains. Elle donne une sensation de pouvoir, je parle au loin et on m'entend, sans que j'aie à forcer la voix, à tenir un micro ou à me placer en un certain endroit. Je suis le roi du monde. En plus, ça parle « jeune » dans le monde du mobile : « Stay cool », ordonne un fabricant. Restez cool, puisque le paiement pour des courses effectuées à partir de l'appareil est sécurisé : « How cool is that ? » Puisqu'on vous le dit. Le jeune qui sommeille dans certains adultes ne peut qu'être sensible à cette remarque, qui parle à son portefeuille. Et ce sera encore mieux avec la troisième « génération » de mobiles, qui va nous apporter une connectivité encore plus totale, « libérée » des fils et des câbles de l'ordinateur ou des télés ; on aura tout – à manger, à boire, à entendre, à voir, à louer, à acheter, à rêver, à fantasmer –, tout de suite. Sans effort, sans sortir de chez soi, sans voir personne non plus. Et au cas où l'on sortirait et se perdrait, on pourra toujours savoir où on se trouve sur la planète ! Le Petit Poucet n'a plus besoin de cailloux, il a son mobile omniscient.

En plus, le téléphone est une petite chose éminemment sensuelle dans sa façon de relier notre bouche et notre oreille à celles de notre interlocuteur. Le fait de le porter sur soi constamment, et pas n'importe où, dans son sac à main (haut lieu de l'identité féminine) ou à la ceinture, façon cow-boy, renforce sa charge affective. On y est très attaché, on s'inquiète pour lui : où est mon portable ? On le nourrit (chargement de la batterie) et on l'habille (coques), un vrai Tamagotchi. Mon mobile n'est pas n'importe qui : je le personnalise en choisissant sa sonnerie, son message de répondeur. J'en fais ce que je veux, je crée. « Soyez inspiré », dit le slogan d'un constructeur. Le mobile reçoit lui aussi des messages de pub. Ça sonne, je décroche : « Le saviez vous ? Machin offre une semaine de gâteries aux clients fidèles... » Je peux presque croire que j'ai été choisi et qu'on m'aime...

On croyait le talkie-walkie, jouet révolutionnaire de la fin des années soixante, définitivement enterré, mais pas du tout. Le « Toki » nouveau est arrivé et fait un tabac. Dix millions d'appareils ont été vendus aux États-Unis en 2000. Fini le jeu pour enfants. Armé d'arguments irrésistibles, il a acquis droit de cité dans notre quotidien d'adultes branchés : il a la taille et le poids d'un mobile, mais c'est mieux qu'un mobile puisqu'il n'y a pas d'abonnement ou de forfait. On n'a pas à s'engager, on ne paie que l'appareil, et ensuite à nous la liberté (à trois kilomètres à la ronde) ! Il suffit d'appuyer sur le bouton et on peut se parler à plusieurs. En outre, il est beaucoup plus sexy qu'avant, en couleur, et sa forme s'est arrondie. Les boutons sont ergonomiques et il est doté d'accessoires indispensables : housse de ceinture et haut-parleur.

Des bruits qui courent

Nous vivons dans une société extravertie qui laisse peu de place pour la solitude et le silence. Nous nous gavons de conversations, de films, de spectacles, d'émissions de radio et de télévision, et craignons constamment de passer à côté de quelque chose d'important au plan culturel ou politique : « Nous sommes des boulimiques de l'information spectacle, des obèses de la culture. Nous finissons même par ingurgiter n'importe quoi, simplement pour ne pas rester seuls avec nous-mêmes [1] », écrit Guy Corneau.

Ça tombe bien, l'information est omniprésente. Dans *L'Euphorie perpétuelle* [2], Pascal Bruckner souligne le détournement du slogan « Vivre sans temps mort et jouir sans entraves » au profit de la marchandise et de l'information qui circulent vingt-quatre heures sur vingt-quatre sans pauses ni frontières. D'ailleurs, il faut impérativement être « branché », « au courant », si l'on ne veut pas être pris pour un ringard. La société n'autorise plus le silence. L'incessant bruissement, grésillement, grommellement, bougonnement, murmure fait place parfois à des clameurs et à des indignations qui répondent collectivement et parfois sans discernement aux bruits et aux rumeurs murmurés, çà et là. L'info constitue plus un bruit de fond qu'une invitation à la réflexion et à l'élaboration d'opinions. Mais une info chasse l'autre, trop d'info tue l'info ; on oublie, on zappe, on est submergé. On appelle cela « surinformé ». En réalité, ce déferlement d'informations et leur rabâchage ne disent pas ce qui se passe réellement dans le monde. La majorité des informations diffusées sur les supports classiques provient de quelques sources autorisées : agences de presse, qui vendent du sang et du sensationnel mais peu de sens, et agences de communication et relations publiques, qui... vendent.

Mais on « communique », c'est-à-dire qu'on parle, on a des choses à dire, on se fait entendre, on

1. Guy Corneau, *op. cit.*
2. Pascal Bruckner, *L'Euphorie perpétuelle*, Grasset, 2000.

fait du bruit, on répand des bruits... Il s'agit plus d'un ronronnement, qui comme tous les bruits de fond finit par s'oublier. Aussi, pour recapter l'attention de l'auditeur, on fait de l'info spectacle qui marque les esprits... et tient les téléspectateurs scotchés devant leur poste.

La grand-messe de vingt heures, qui était le tabernacle de la religion de l'information, est dépassée. L'info, on l'a non seulement à la télé et à la radio à toute heure, mais aussi dans les téléphones mobiles et sur Internet. Un lieu où chacun peut donner son info perso, ce qu'il croit ou pense, sa version des choses, et faire la une... On devient leader de l'opinion. Comme quand on faisait courir des bruits au collège ou que l'on prétendait être au courant d'un fait ignoré de tous : pourquoi Antoine Dupont ne vient plus à l'école, ou qu'est-ce qui a fait pleurer la prof de français des troisièmes. Du coup, la rumeur devient info, donc vérité incontestable. Surtout quand elle émane de ceux qui se sentent abandonnés, dépassés par les événements. En cela, la rumeur d'Abbeville est différente de celle qui voyait un homme en Miss France 2001. Lors des inondations en Picardie, au printemps 2001, les habitants, soutenus par leurs élus, étaient persuadés que l'eau de la Seine était détournée vers la Somme, au grand dam des techniciens de la DDE : « Nous avons beau expliquer qu'il est physiquement, géologiquement, hydrauliquement impossible de vider le bassin parisien dans celui de la Somme... Peine perdue : le stade de la rumeur est dépassé[1]. » On est dans l'émotif, le réactif, on n'analyse pas, on soupçonne

1. *VSD*, 19-25 avril 2001.

et on en tire des conclusions. C'est ainsi que le XXIe siècle bruisse de potins, de on-dit, de ouï-dire qui font ressembler le monde à une vaste cour de collège.

La musique adoucit les mœurs

La musique est un produit qui peut se consommer à volonté. Disponible non seulement *via* la hi-fi, la télé, l'ordinateur et la radio, elle peut aller partout grâce à l'autoradio (sur les motos aussi) et au walkman. L'idée, c'est de ne jamais ressentir le silence de la solitude, et d'avoir tout, tout de suite.

Pas étonnant, donc, que parmi tous les loisirs le poste d'achats qui a le plus progressé entre 1981 et 1996 concerne les matériels audio (appareils d'enregistrement ou de reproduction de sons) : ils ont quintuplé [1]. Les chaînes et autres appareils se sont démocratisés, il y en a désormais dans toutes les maisons, on écoute de la musique à volonté.

Dans ce domaine, la technologie évolue très vite ; la musique est de plus en plus facilement accessible, disponible, reproductible, modifiable. Le minidisque redevient à la mode depuis qu'il est enregistrable et qu'il peut se balader en toute tranquillité. Avec la technique de compression des données, on a plus de cinq heures de musique stéréo d'excellente qualité dans les oreilles. Les CD se copient sur graveurs comme hier les cassettes sur les magnétos. Les appareils portent parfois même des noms qui ne peuvent que plaire aux ados et à leurs grands frères

1. Nicolas Herpin et Daniel Verger, *op. cit.*

de quarante-cinq ans : *Predator*, un mot qui fleure bon la transgression (je vais tout pirater) et dont le suffixe en « or » rappelle toute une série de films américains bien musclés et bourrés d'action (de *Terminator* à *Gladiator*), dont le premier s'appelait justement *Predator* (mis en scène par John McTiernan, 1987) et qui a fait frémir et rêver les trentenaires d'aujourd'hui quand ils avaient douze ans (Arnold Schwarzenegger devait y sauver des otages retenus en pleine jungle par des guérilleros, mais avait bien du mal car son commando se heurtait à une mystérieuse créature fantastique). On aura aussi bientôt des *ticket-disks*, sortes de cartes de crédit musical qui permettront d'aller chercher de la musique et de stocker ses albums préférés.

Avec les logiciels de type MP3, on a déjà accès à toutes les musiques que l'on veut, en tout cas celles qui sont stockées dans le fabuleux monde d'Internet. Le site Napster correspondait complètement à l'idéologie Internet, celle du partage gratuit des richesses. Encore un rêve *peace and love* : une communauté fraternelle mondiale pas salie par l'argent. Il offrait gratuitement un gigantesque catalogue musical. On y apportait ses richesses personnelles et on repartait avec des trésors. On en faisait des compils et on les échangeait avec d'autres internautes ou avec ses potes. On était libre et on ne faisait de mal à personne. Pas du tout, se sont insurgées les maisons de disques et quelques musiciens avec elles : c'est du piratage industriel. Pour mettre le holà à cette dérive anarchique et dangereuse, ces gardiens du temple libéral ont mis en place des services Internet, payants mais légaux, d'abonnement à la musique sur demande. La magie est perdue.

Malgré tout, le rêve se poursuit, et bientôt ce sera encore mieux : on aura des lecteurs numériques portables, des casques avec lunettes, qui nous donneront à voir et à entendre, en matière de musiques, clips vidéo, photos. On les portera « sans contrainte », annonce déjà l'un des fabricants des premiers prototypes d'*e-wear*. On aura l'air de zblönks, mais ce sera *fashion*. La révolution du son n'est pas près de s'arrêter. Il y a encore beaucoup à inventer de l'autre côté du mur du son. Chris Kyriakakis, *assistant professor* à l'université de Californie du Sud, a mis au point un système d'enregistrement révolutionnaire des concerts *live* et de toute autre performance musicale. Il obtient un « rendu » extraordinaire avec des sons qui semblent jaillir de partout. Du son spatialisé, à la fois hyperréaliste et génialement intime. Le jazzman Herbie Hancock s'est prêté au jeu et a adoré : « La stéréo, c'est trop étroit pour ma musique ! Elle a besoin de plus d'espace ! » Il a donc enregistré un air dans lequel les notes de flûte ont l'air de venir de partout. Imaginez le vol musical d'une mouche surexcitée.

L'envie de se fabriquer sa musique à soi, sans avoir forcément appris à jouer, n'est pas née avec le numérique. Depuis les années soixante-dix, il y avait les tables de mixage qui permettaient aux jeunes d'arranger leur musique ; on enregistrait puis on « mixait ». Dans les années quatre-vingt, les échantillonneurs ont donné naissance à la *house music*, fabriquée dans des garages ou à la maison. Les boîtes à rythmes ont donné du relief et du nerf à toutes les bluettes un peu trop mollassonnes. La musique est en kit, et j'en suis le créateur.

Quand les sonos tonnent

Qu'elle s'appelle techno, hip-hop, dirty metal, hard, acid-house, groove, R'n'B, D'n'B, soul, pop, funk, trip-hop, la musique des jeunes met seulement quelques années à se faire entendre sur les stations de radio « adultes ». Le rap était formellement interdit d'antenne sur Europe 2 (la radio des « adultes contemporains », disait la plaquette, c'est-à-dire les 25-35 ans) au début des années quatre-vingt-dix. Au même ban d'infamie se retrouvaient Brassens, Reggiani ou Bobby Lapointe. Dix ans plus tard, les rappeurs sont devenus incontournables sur France Inter, Europe 1 et même RTL. Sans doute parce que le rap, c'est jeune, alors que la plupart des chanteurs français, à l'exception notable de Charles Trénet, restent enfermés dans la case des « anciens ». Le retour en vogue de Trénet doit beaucoup à Jack Lang, ministre « jeune » d'une culture « jeune » au moment où la gauche qui terrifiait tant le bourgeois est arrivée triomphante au pouvoir. Quand, en plus, sa chanson « Douce France » est reprise, ultime provocation, par les jeunes Beurs du groupe Carte de séjour, on ne jure plus que par la poésie indémodable du « fou chantant ».

Faisant suite aux désillusions idéologiques, universalistes, gauchistes, *peace and love*, la découverte de la *world music* à la fin de la décennie quatre-vingt est un émerveillement collectif. On a mis des années pour oser traduire par « musique du monde » ; cela faisait folklore à tante Georgette. La *world music*, elle, est « authentique » et rassembleuse, faite de métissage et de diversité culturelle. On nage en plein bonheur.

Jean-Marie Messier, au look difficilement crédible en tant que représentant des babas cools, l'affirme haut et fort : « Je le dis d'entrée : ma philosophie personnelle m'incitera toujours à être un adepte enthousiaste de la diversité, du métissage et du multiculturalisme[1]. » Au vu du succès des musiques dites « latinos », il n'est pas le seul. Zouk, flamenco, raï, reggae, fado, musiques berbère ou tzigane, morna du Cap-Vert, salsa, samba, sevilla, percussions africaines pour danser le mbalax sénagalais ou le mapuka ivoirien se vendent bien, en clips, en disques, en cours collectifs et dans les clubs. Ces musiques latinos et du reste du monde provoquent des émotions et des sensations primitives. Elles vous prennent au corps, on se lâche ; c'est festif, sensuel et débridé. Elles évoquent aussi des rites ancestraux, de fertilité, de cultes de divinités exotiques, retracent des épisodes de la mythologie locale, et par ce côté « ancré dans la terre de nos ancêtres à tous » jouent sur la fraternité des peuples et des individus.

Manu Chao a vendu près de trois millions d'exemplaires de son album *Clandestino*, où il mélangeait des voix françaises, portugaises, espagnoles, anglaises, arabes à des rythmes reggae-latino-blues. Son deuxième album, *Proxima estacion : Esperanza*, jouant sur les mêmes cordes, n'a pas déçu ses fans. De nombreux observateurs estiment que Manu Chao confirme ainsi sa vocation de chanteur citoyen du monde, à l'opposé des tenants de la mondialisation. « Le concept de frontière est obsolète et avant tout hypocrite. Depuis des années, les multinationales ne sont plus assujetties aux frontières. Elles en rigolent,

1. *Le Monde*, 10 avril 2001.

même. Par contre, pour les gens, c'est l'inverse. On dirait que ces frontières-là sont de plus en plus hermétiques. [...] Les frontières, pour en revenir à un problème vieux comme le monde, sont à l'origine de quasiment tous les conflits qui sévissent actuellement à travers la planète », déclare Manu Chao au magazine *Optimum*[1], quelques semaines avant de donner un concert à Gênes, en juillet 2001, en plein sommet du G8, devant plus de vingt mille personnes. En Amérique du Sud, on l'a surnommé *El super chango*, (« Le super gamin »), le « Bob Dylan d'Amérique du Sud », le « Bob Marley latino ».

Le « phénomène » Björk joue dans le même registre d'évocation, version nordique. Plus qu'une chanteuse, Björk est un elfe, une fée, un farfadet, un enfant sauvage, un lutin, un ange, un génie. Tout le monde l'aime et l'adule. C'est étudié pour, constate Nicolas Unguemuth dans *Madame Figaro* : « L'œuvre entière de Björk est celle d'une adulte restée en état d'enfance. Sa voix est celle d'une fillette de dix ans, ses textes ont l'onirisme des contes d'autrefois, et sa musique, aussi baignée d'apparente modernité électronique soit-elle, évoque, *via* force harpes et instruments à cordes, le souvenir tronqué par les ans d'un vieux Disney vu une seule fois il y a des siècles. Son image – et notamment ses clips, qui ont largement contribué à son succès – véhicule tous les fantasmes de l'enfance : forêts enchantées, livres magiques, nounours géants et vêtements féeriques, c'est un touchant bric-à-brac de visions enfantines distordues dans le kaléidoscope confus d'une adulte égarée[2]. » On

1. *Optimum*, juin-juillet 2001.
2. *Madame Figaro*, 8 septembre 2001.

achète ses livres, ses clips sont cultes, ses concerts sont des célébrations, on pleure beaucoup, on a des émotions fortes, on communie tous ensemble.

Tout cela est très rassurant et ne devrait pas manquer de plaire au P-DG de Vivendi-Universal, qui voit dans la *world music* un signe de rapprochement entre les peuples. Une mondialisation comme on l'aime tous, joyeuse, souriante, décontractée. « Que Faudel, Khaled et bien d'autres soient devenus des vedettes extraordinairement populaires n'est pas un épiphénomène, explique M. Messier dans *Le Monde.* C'est le signe d'une mixité croissante des cultures, un pont lancé entre la France et le Maghreb (et pas le moins solide), un facteur d'intégration plus signifiant qu'il n'y paraît. À l'intérieur même de nos frontières, les frontières s'estompent. Et ce métissage prend, partout dans le monde, des visages multiples. Le Sénégal, après avoir importé le rap, l'a totalement "sénégalisé" et en a fait l'une des formes les plus actives et contestataires de l'expression politique locale. Dans un autre genre, la musique de Youssou N'Dour, fruit d'influences croisées, déborde très largement les frontières de l'Afrique et même de l'Europe. Quant à la musique électronique née à Detroit, elle a donné naissance grâce aux DJ français à la *French touch* sur laquelle on danse maintenant... à Detroit. » On se leurre gravement en croyant que ces musiques métissées, multiculturelles sont authentiques. Elles font l'objet d'études de marché poussées pour s'adapter au « bon goût » musicalement correct du public occidental. Mais l'important, c'est que ça nous plaise, que ça nous fasse bouger, vibrer. C'est exactement ce que fait aussi la musique techno.

Ces sons, ces rythmes, faits de pulsations, martèlements binaires, « boom/bass » immuables et basiques, donnent envie de choses primitives, primaires. On regrette déjà les premières fêtes techno qui étaient spontanées, gratuites. C'était de l'anti-société de consommation, disent les nostalgiques.

À l'autre bout de la gamme, la musique *new-age*, avec son chant des baleines, des oiseaux, des soufis et des grégoriens, répond au besoin d'être rassuré par des sons simples, des mélodies douces. Si c'est mystique, c'est encore mieux, c'est notre quart d'heure spirituel, retour aux sources. On y trouve aussi d'étranges musiques venues d'ailleurs (musiques du monde ?) spécialement formatées pour créer le fond musical indispensable à une ambiance de relaxation-méditation et fuir le stress de la vie moderne. Ado, déjà, on avait la fibre mystique.

Sémillants dinosaures

Pour combler la soif de nostalgie de leurs plus belles années, les plus âgés fréquentent assidûment les bourses aux vinyls, foires aux 45 tours, à la recherche d'un titre oublié de Joe Dassin ou de Sylvie Vartan, ou d'un vieux Clo-Clo, dont le culte ne tarit pas ; des blondinets quinquagénaires se trémoussent vaillamment et travaillent à leur « sosification » pour faire se pâmer les femmes qui l'ont tant aimé, tandis que les Clodettes se produisent à nouveau et assurent la relève en formant une nouvelle génération de danseuses kitsch. Et si Johnny a plus de succès qu'Eddy, c'est à cause de sa belle gueule de pirate insoumis. Eddy, lui, fait plus « rangé des voitures ». Il n'a que la nostalgie – et sa belle voix – pour plaire à l'ex-jeune.

D'autres collectionnent des albums cultes, des collectors des années soixante et soixante-dix. Les morts y font recette, surtout quand ils ont fait figure de rebelles. On s'arrache les rééditions, remix, compils et livres-hommages de Gainsbourg, l'anar-chic torturé. Les Beatles n'ont jamais cessé d'être des idoles, mais en 2001, à Londres, douze interprètes font revivre cinquante chansons des Fab Four dans une comédie musicale intitulée « Love, love, love », refrain de « All you need is love », sorti en 1967. « Love, love, love » est une opération sans risque qui fait suite au triomphe de la comédie musicale « Mamma Mia » autour du groupe Abba, célébrissime dans les années quatre-vingt. Mais rien n'égale l'adoration vouée à Bob Marley. Là, on est dans la mythologie. Le *New York Times* écrit que dans un siècle Marley sera vénéré comme un grand saint. C'est peut-être beaucoup, mais *Epok*, le magazine branché de la Fnac « agitateur depuis 1954 », explique que « son reggae est devenu la musique de référence pour les jeunes de 7 à 77 ans [1] ». Les compilations succèdent aux coffrets inédits, en passant par les biographies les plus fouillées. Chaque fois, carton absolu. L'homme aux dreadlocks fascine. Il est le symbole de la liberté. Et en plus, il est *cool.*

John Lee Hooker est mort à quatre-vingt-deux ans, au printemps 2001, plus populaire que jamais. Mais les vieux routards de la pop sont toujours là, intacts ou presque. Mick Jagger continue à faire des bébés et des conquêtes de top-models. Iggy Pop se produit dans des concerts contre le sida. Ils sont presque les seuls, Céline Dion mise à part, à pouvoir remplir les stades, même si *Télérama*, pris d'une subite crise anti-vieux, s'agace de l'indéboulonnable « Vioque n'roll »

1. *Epok*, mai 2001.

et se demande pourquoi certains s'obstinent à qualifier le rock ou la pop de « musique de jeunes [1] ». Il est vrai que Bill Wyman en tournée, sans les Stones, attire des foules essentiellement composées de quadras/quinquas. Tout comme David Gilmour, sans les Pink Floyd, ou les Beach Boys. Pour les plus jeunes (les presque quadras), Brian Eno a rassemblé son groupe légendaire Roxy Music pour faire une tournée lors de l'été 2001. La première depuis dix-huit ans. Bob Dylan peut toujours chanter que les temps changent, « The times, they are a'changin' », il est en tournée depuis plus de cinq ans. Avec les Rolling Stones, Neil Young, Mark Knopfler, Eric Clapton, Eagles, AC/DC, Pink Floyd, Aerosmith, Iggy Pop, David Bowie, Jimmy Page (guitariste de Led Zeppelin), Deep Purple et bien d'autres, il incarne les mythologies de l'adolescent que j'étais, que je suis encore, que j'aurais tant aimé être. *Time* estime que l'été 2001 en Europe fut un formidable *flashback* musical collectif, où se sont bousculées des idoles qui l'étaient déjà il y a plusieurs décennies. « Tout ce qui est vieux est à nouveau neuf [2] », titre le magazine américain. Un coup de jeune qui ne nous rajeunit pas.

Mais à en croire *Elle*, en avril 2001, le son des années quatre-vingt serait le plus *hype* de tous. Cela fait bien l'affaire de Lionel Ritchie, cinquante-trois ans, dont l'album « Renaissance » sort au bon moment : « Si je l'avais sorti il y a cinq ans, je serais passé pour un ringard. Aujourd'hui, c'est tout le contraire ! » On redécouvre Human League et New Order. Depeche Mode sort un album après des

1. *Télérama*, 20 juin 2001.
2. *Time*, 11 juin 2001.

années de silence, et Ladytron pour son premier album s'inspire largement de l'esthétique glam machinique de l'époque qui a vu s'échouer les vagues punk et disco. Top branchée aussi, la musique griffée Cerrone. « Il correspond à la mouvance actuelle, moins de techno dure, plus de musiques ludiques, légères, répétitives », déclare Bob Sinclar, un tenant de la fameuse *French touch* en matière de techno, qui s'est amusé à rééditer à sa façon les meilleurs morceaux du compositeur vedette de la fin des années soixante-dix.

C'est sans doute la vogue des musiques chaudes et latinos qui explique le *revival* d'Henri Salvador, quatre-vingt-quatre ans. Lui-même dit que son succès était inconcevable il y a quelques années. Il est le représentant français du curieux paradoxe de l'éternelle jeunesse de ces quelques sémillants dinosaures que l'on encense à cœur joie. Cesaria Evora a soixante-deux ans. Les musiciens du Buena Vista Social Club ont largement dépassé la soixantaine, Ibrahim Ferrer a plus de quatre-vingt-dix ans. Quelle jeunesse, quelle forme ! Les Buena Vista redécouverts par Ry Cooder lors d'un voyage à Cuba, Cesaria Evora, débarquée à cinquante ans passés à Paris, noire, pauvre, presque illettrée, venant d'un pays rarement situé. Comme dans les contes de fées, les histoires se terminent bien. Sauf qu'il leur a fallu des décennies de misère pour en arriver là. Avec l'impossibilité matérielle ou politique de donner libre cours à leur talent. Qu'importe, Cesaria Evora par exemple, on l'aime d'autant plus qu'elle « incarne une authenticité qui lui permet de transcender clivages générationnels et différences nationales [1] ». Tous nos

1. *Epok*, mai 2001.

fantasmes réalisés. Mais on ne sait toujours pas quel régime gouverne le Cap-Vert.

Comme pour Cesaria, la musique nous nourrit, elle guide nos pas. Et modèle nos goûts. Surtout quand elle est commanditée par ceux dont le métier consiste à créer des tendances et des supports d'identification. Désormais, la musique est sous-traitée par les tenanciers de lieux branchés, donc « jeunes ». On se rue sur les compils *lounge*, estampillées des lieux où il faut être vu.

Une autre façon de rester branché consiste à utiliser les bons mots. La génération baby-boom avait inventé un langage largement emprunté à l'univers des drogues et teinté de libération sexuelle. Ce vocabulaire a traversé les ans (je plane, tu flippes, il se défonce, nous sommes accros, vous êtes speedés, ils hallucinent, c'est un mal-baisé, un vrai déconneur). Il s'enrichit désormais d'expressions juniors, ou anciennes mais revues à la sauce ado : il est relou, je kiffe, à donf, trop ouf, top grave, la teuf. Pas question de rater le train de la jeunesse. Sans oublier les expressions rigoureusement obligatoires pour « avoir l'air », l'air dans le coup, l'air d'assurer, l'air cool, l'air bien, l'air en forme : l'autre soir c'était chaud dans le *backroom* du *lounge* Mambojambo. C'est clair, ça le fait.

Chapitre 3

Sensations floues

> « J'aimerais pouvoir m'exprimer avec mes sens. Les mots sont parfois très handicapants. »
>
> BJÖRK, extrait d'une interview, *Tracks*, 19 décembre 1997.

Vive moi et mes sensations. On ne voit plus l'intérêt de se conformer aux règles, mais comme il en faut bien – on est adulte tout de même –, on les invente ou réinvente, et c'est seulement alors qu'on les applique.

L'alimentation n'est plus ce qu'elle était. On mange infantile et les dentistes constatent qu'on utilise de moins en moins les mâchoires. Et pour cause : on mâche moins ! On donne à fond dans « le mou et le doux ». L'odorat revient en force, il aiguillonne la nostalgie. « Les odeurs éperonnent la mémoire, dit Diane Ackerman. Elles réveillent aussi nos sens somnolents, nous induisent en tentation [1]. » Dans cet univers sensuel, on accorde toute son importance au

1. Diane Ackerman, *Le Livre des sens*, Grasset, 1991.

toucher. Le toucher est un axe d'innovation essentiel pour les fabricants de matières synthétiques, ils nous enveloppent tout en douceur. Et pour plus de sensualité, on se fait masser. C'est une pratique de plus en plus répandue, et fortement recommandée par ceux qui savent, vedettes de télé, stars de la pub et professionnels du secteur esthétique-fitness.

Mon palais doré

En quelques années, nos habitudes alimentaires se sont infantilisées. Certains choisissent systématiquement ce qui rappelle l'enfance, qui a un goût d'enfance ou qui est facile à manger. On cuisine moins, on grignote à longueur de journée : 42 % des Français mangent ou boivent au moins occasionnellement entre le petit déjeuner et le déjeuner, 49 % entre le déjeuner et le dîner, 35 % après le dîner. Les plus concernés sont les hommes de trente à quarante ans [1]. Comme les bébés, on a toujours quelque chose à la bouche, des aliments faciles à consommer en tous lieux, avec les doigts, et sucrés de préférence. Dans le domaine alimentaire comme ailleurs, la recherche de plaisir prime, même s'il faut pour cela transgresser quelques interdits – ce qui est toujours assez jouissif – ou commettre quelques excès. L'activité du goût, comme celle de l'olfaction, n'est pas que sensuelle ; le cerveau traite les informations gustatives et olfactives dans les mêmes régions que les émotions.

Les habitudes alimentaires, acquises depuis la tendre enfance, sont ancrées dans l'inconscient. Or

1. Cofremca-Sociovision, 1998, cité par Gérard Mermet *op. cit.*

les baby-boomers ont grandi dans une société qui avait connu des privations, et où l'autorité était encore la règle. On finissait son assiette et on mangeait de tout. Cela n'empêchait pas de faire moult acrobaties pour atteindre les pots de confiture et les sachets de bonbons. Le sucré reste d'ailleurs un goût attaché à l'enfance. Mais en matière d'alimentation, c'est chez les jeunes adultes que la tendance « adulescente » se fait le plus sentir. Ils sont nés après les années soixante ; ce sont eux qui font les transgressions les plus audacieuses et se fichent le plus des grandes traditions.

La gourmandise n'est donc plus un vilain défaut, car cela ferait trop de pécheurs. Les ventes d'aliments sucrés progressent – alors que la majorité des femmes cherchent à perdre du poids. Les adultes sont de grands enfants : ils consomment sans vergogne des sucettes (mais préfèrent les Chupa-chups, plus marrantes) et quantités de bonbons. Des magasins spécialisés se sont ouverts un peu partout ; l'une de leurs chaînes porte un nom rigolo, facile à mémoriser, Glups. Il y a des rayons bonbons étendus dans tous les supermarchés, et même chez Tati... Les enfants du baby-boom sont la génération chewing-gum. Ils redécouvrent le goût inimitable du Malabar, que l'on trouve aussi dans les glaces. Même les préservatifs ont un goût sucré. Pourquoi cette tendance ? Mais parce que ce sont des saveurs rassurantes qui nous replongent dans le monde de l'enfance.

On mange des purées (on retrouve les vertus et le charme du presse-purée mécanique), des yaourts, des desserts lactés, des petits pots pour bébés, des compotes industrielles. C'est la fin des molaires. On ne rechigne pas devant un hamburger, qui présente de multiples avantages : il est rond, chaud, mou et doux, ce qui fait qu'il sollicite la vue, le goût (« aigre-doux », à la fois rassurant et un tantinet exotique), mais aussi le toucher, car on le mange avec les doigts et Dieu sait que l'on adore ça. Les parents, pas gênés, retournent allègrement au stade infantile. Et devant les enfants qui plus est.

On aime les mélanges sucré-salé qui mettent de la fantaisie dans le palais. On choisit ce qui donne du goût et de la couleur, et alors que l'on fait plutôt moins la cuisine qu'auparavant, jamais les stands et boutiques d'épices n'ont aussi bien marché. On a bien le droit d'être paradoxal et d'avoir des envies contradictoires. C'est le summum de l'exotisme nouveau, « authentique », puisque les nourritures exotiques sont désormais dans toutes nos assiettes. Elles se vendent au supermarché, déjà préparées. Mais on n'en consomme pas trop souvent, car cela perdrait son charme, celui de l'exotisme justement, donc de la rareté qui permet de rêver, de s'évader du quotidien lourd et gris qui nous écrase.

Les médias et les médecins recommandent de manger équilibré, de faire attention à son alimentation pour préserver son capital (santé). Mais les consommateurs-patients potentiels n'ont plus confiance. Ils estiment qu'il faudrait être fou pour manger des œufs-salmonelles, du bœuf encéphalopathe, du veau aux hormones, du poulet à la dioxine, de la charcuterie ou des fromages à la listériose, des fruits et légumes nourris aux pesticides et insecticides. La « pêche », la force, la santé, on les trouve bien plus sûrement dans des produits étudiés pour.

On consomme donc avec ferveur des oligo-éléments, des vitamines ou des minéraux. Ils jouent un rôle semblable à celui qu'avaient autrefois les porte-bonheur et les amulettes, et doivent lutter contre le mauvais sort du baby-boomer, c'est-à-dire son vieillissement et sa mort. Pour être en forme dans l'immédiat, et que cela se voie tout de suite, on a recours à ces nouveaux sodas destinés, au départ, aux athlètes de haut niveau mais qui font fureur auprès des jeunes adultes (et aussi des ados). L'un de ces produits a un goût de sucette au citron, contient de la vitamine B et de la taurine, un acide aminé, et 80 mg de caféine par canette. Cette boisson efficace a une cible précise : les « enfants de plus de vingt ans », *kids in their twenties*. D'ailleurs, l'essentiel du travail des commerciaux consiste à hanter les endroits stratégiques que sont les discothèques et les clubs de sport.

Mais on veut aussi sa madeleine de Proust, ce qui facilite le retour en grâce de marques désuètes. Le magazine *Elle* nous incite à applaudir la résurrection d'Ovomaltine, le petit déjeuner « nutrition, croissance (ce serait un miracle à 40 ans), énergie », que l'on trouve « déjà dans tous les bons bars néo-punks de Berlin. Et bientôt chez vous ». Oui, car moi aussi je suis néo quelque chose. Quand Fanta veut se refaire une jeunesse, il n'a qu'une solution : la provoc. C'est le seul moyen de casser son image vieillotte qui l'avait relégué aux rayons des disparus pour cause de progrès. Le premier spot télé montre donc des ados avachis dans une gigantesque parabole satellite destinée à capter tout signal venu de l'espace. Ils sont en train de consommer la boisson jaune et orange. Elle les fait roter bruyamment, ils disent « Hello » en rotant, ce qui les met en joie et provoque une hystérie émerveillée chez les adultes en blanc qui, du fond de leur labo, se croient enfin récompensés d'avoir guetté jour et nuit le moindre signe d'une vie ailleurs. Dans le deuxième spot, des extraterrestres sur leur lointaine planète rotent à qui mieux mieux (grâce à Fanta), et les chercheurs-adultes, qui décidément ne comprennent jamais rien, croient que c'est encore un coup de ces jeunes vauriens. Succès garanti auprès des ados, mais aussi des parents un peu scandalisés, quoique enchantés de voir revivre avec une telle impertinence la boisson de leur adolescence.

On mange pour soi, dans le plaisir et la réalisation du désir immédiat. On se met moins souvent à table, on picore, on grignote, souvent debout ou vautré sur le canapé. « Dans ce pays où l'on défend les qualités nutritives de nos foies gras, de nos fromages et de nos vins, on en vient peu à peu à ne plus manger que des pizzas, hamburgers, frites, glaces et barres chocolatées, le tout plus ou moins arrosé de boissons sucrées », se désole le Dr Philippe Froguel, généticien spécialiste de l'obésité et du diabète. On préfère le « prêt-à-manger », les plats cuisinés, les surgelés, le précuit, l'alimentation industrielle, trop sucrée ou trop salée, mitonnée avec exhausteurs de goût. La cuisine est comme un supermarché avec ses placards, frigo et congélateur dans lesquels chacun pioche à longueur de journée des produits qui ne demandent pas de préparation, puisque déjà préparés. Le summum du plaisir non partagé est atteint dans une pub pour des cornets de glace, où une fille nargue une autre avec son cornet si désirable, et le lui ôte voluptueusement à la dernière minute. Rien que pour moi.

On va beaucoup plus souvent au restaurant. On adore les endroits qui nous rappellent « avant ». Les restaurants « terroir », « typiques », les guinguettes reviennent follement à la mode. Le critère qui fait la différence, hormis le prix, mais avant la qualité gustative, c'est le côté « branché-chic-festif ». Il faut avant tout un cadre et de la bonne musique (*lounge*), et, dans l'assiette, des mélanges qui ont de préférence la couleur du Sud. L'huile d'olive marche à fond, mais on n'oublie pas le tandoori et les épices créoles, ni l'option sushis, ou à défaut les nems.

Le nez chouchouté

Rien ne se rappelle à la mémoire comme une odeur. « Des cinq sens, c'est l'odorat qui est le plus à même de faire revivre le passé », rappelle le Dr Nadine Grafeille, sexologue. En un instant, les odeurs réveillent les souvenirs, libèrent les rêves et font resurgir l'enfance et les expériences du passé. C'est le « sens muet », celui pour lequel nous n'avons pas de mot. Est-ce parce que nous ne savons pas les nommer que les odeurs nous émeuvent si profondément ? L'odorat, sens primitif, situé dans notre cerveau reptilien, le plus ancien, est en tout cas plus sollicité que jamais. Sans doute un effet réaction contre la postmodernité qui nous épuise et nous donne des envies de retourner aux origines.

De nombreux parfums pour femme évoquent un temps révolu mais forcément si doux. Celui-ci « vous inonde d'émotions et de sensations » ; une très jeune fille en robe blanche avance délicatement sur des nénuphars, sous des lampions aux couleurs acidulées ; une princesse de conte de fées en robe blanche parsemée de feuilles d'arbres s'est endormie dans un bois ; une nymphe de type asiatique propose l'« élixir pour un nouveau monde » ; un flacon est posé en équilibre instable sur le nez de la mannequin, qui, insouciante, déclare : « Je suis comme je suis », c'est ce que disent tous les adolescents. Parfois c'est leur nom même qui fait appel à la petite fille tapie plus ou moins sagement en chaque femme : Premier Baiser, So Pretty. Jean-Charles de Castelbajac parle avec émotion de son parfum, qu'il a appelé Doudou : « En me livrant à une sorte de régression olfactive, je suis revenu à l'âge de quatre ans : le petit pot de colle Cléopatra en plastique transparent, avec son encoche et sa pelle. On s'enivrait de son odeur d'amande, on en mangeait, on collectionnait les pots. C'est un challenge extraordinaire de tout mettre dans une petite bouteille : mes souvenirs, mes projets, mes émotions, mes passions, ma mode... Voilà, c'est mon premier parfum[1]. »

Maurice Roucel, l'inventeur de Doudou, explique comment la petite madeleine a pris corps : « La colle blanche collait parfaitement à l'idée de l'évocation de l'enfance, avec cette connotation particulière d'addiction que lui prêtent tous ceux qui l'ont manipulée. » C'est un parfum au goût d'interdit ! Du LSD dans mon parfum. *Madame Figaro*, conquise, s'encanaille : « Tout cela nous monte direct au cerveau, nous affolant les sens au passage, dans une euphorie à mi-chemin entre délice régressif et voluptueuse insouciance. »

Christian Lacroix, lui aussi, a succombé au charme de l'enfance retrouvée. Le flacon de son Eau florale a la forme d'un coquillage, comme ceux que

1. *Madame Figaro*, 19 mai 2001.

l'on ramassait sur la plage à marée basse, et la description du parfum a une tonalité de poème pour fête des Mères : « Quelques feuilles de violette, des clochettes de muguet, des pétales de cyclamen et de gardénia, sur un lit de bois tendres. » Pour toi, ma jolie maman.

Les publicitaires savent combien les fragrances remontent loin dans la mémoire, jusqu'à l'époque où nos conflits étaient simples : j'ai faim, j'ai froid, j'ai mal. Et où maman venait apporter la solution. Mais ils savent aussi parler aux grands. Ainsi, comme tout ado qui se respecte, on a le droit de changer. D'envie et d'humeur. Au Club des créateurs de beauté, Corinne Cobson aime les adulescents et propose quatre petits vaporisateurs pour coller à ses états d'âme : Smile Attitude, Romantic, Strong ou Sensual Attitude. Et comme des CD accompagnent harmonieusement cette vague parfumée, cela s'appelle la « sniff and sound attitude ». C'est ludique, et on peut donner libre cours à sa fantaisie du moment. « Créez votre rêve », ordonne Cerutti pour son parfum féminin. On y voit une jeune femme plantant de force une immense rose dans un paysage postmoderne urbain, type la Défense, peu propice en soi à l'explosion spontanée de créativité. Mais elle ne doute de rien, elle a la foi et l'enthousiasme de la jeunesse. Avec ce parfum, je vais peut-être les retrouver.

Cela sent bon partout. Les parfums d'ambiance, les bougies aromatiques et parfumées, l'encens et le patchouli comme dans les insouciantes *seventies*, et même le papier d'Arménie qui avait succombé devant la modernité, ont envahi les pages des magazines avant de devenir indispensables à la maison.

Mais aussi dans les magasins, chez le médecin, le coiffeur... Des boutiques spécialisées éclosent dans tous les lieux et quartiers branchés dans le seul but de nous réjouir les sens et l'esprit. L'aromathérapie soigne les bobos et les mauvaises humeurs. On hume la nostalgie et l'enfance. Les magasins d'alimentation parfument leurs alentours d'effluves synthétiques qui attirent la clientèle. Oh, l'irrésistible odeur de croissant chaud... comme quand j'étais jeune.

Selon Willy Pasini [1], la sexualité au IIIe millénaire laissera moins de place au toucher. Le télésexe et les différentes formes d'érotisme à distance seront de plus en plus répandus, tandis que les nouvelles technologies permettront de développer des phéromones artificielles, des aphrodisiaques chimiques et d'accentuer l'hyperolfaction. Comme le sexe, ce sera peut-être aussi très virtuel. Dans la Silicon Valley et en Inde, des petits génies s'acharnent sur la technologie « click-and-sniff ». Je vois une plage de rêve. Pour m'y croire vraiment, je clique sur une icône qui va émettre un parfum de vagues, d'iode et de palmiers. Pour l'instant, cela tient plus du désodorisant « Fraîcheur des îles » que de la merveilleuse senteur d'une plage balinaise. Mais cela va venir. D'ores et déjà, la reproduction de l'odeur de la poudre est quasi parfaite, ce qui tombe bien pour le marché des jeux vidéo. Dans un an, et pour deux cents dollars de plus, lorsqu'un joueur enverra une charge d'exocets, il sentira aussitôt l'odeur de la poudre... Cela rappellera le défunt service militaire, ou les westerns.

---

1. Willy Pasini, *op. cit.*

Mon corps et moi

Le toucher est le premier sens, celui qui se manifeste le plus tôt dans notre vie de fœtus. Par la suite c'est avec lui que s'opèrent les instants les plus réussis de régression. Ce n'est pas pour rien que nous appelons nos émotions des « sensations » ou des « sentiments », et que ce qui nous intéresse, nous fait plaisir ou nous blesse nous « touche ». Il fallait donc qu'il soit encore plus sollicité. Il va l'être car le sens « virtuel » du toucher est pour bientôt sur nos écrans (d'ordinateur). Il a déjà un nom scientifique ; avec l'« haptique », on pourra aussi « palper » le relief des images quand elles nous apparaîtront en 3D. Pour l'instant, c'est encore très exploratoire et il faut utiliser un stylet qui sent à la place de nos doigts. Le XXIe siècle n'a pas fini d'être sensoriel.

Les caresses font du bien et nous en faisons une forte consommation. Normal, « tout contact nous réchauffe, serait-ce à notre insu, nous rappelant sans doute l'époque d'avant les limites de toutes sortes où nos mères nous berçaient et où sous leur charme nous nous sentions parfaitement dignes d'amour [1] », explique Diane Ackerman.

Les caresses commencent dès le pot de crème. La texture des cosmétiques est devenue aussi importante que le contenu. Elle doit être sublime, ultradouce, évanescente, rafraîchissante. La peau idéale est ferme, lisse, « repulpée ». On la masse, on l'exfo-

1. Diane Ackerman, *op. cit.*

lie, on l'hydrate, on la draine, on la raffermit, on la calme, on l'enduit de boue ou de pâte aux vertus magiques, on l'apaise, on la protège, on la nourrit, on la réactive, on la reconstruit. Serge Tisseron pose des questions dérangeantes : « Comment convaincre qu'une substance qui évoque le beurre, voire le saindoux, puisse "hydrater" ? Le gras et l'aqueux sont incompatibles dans la réalité tout autant que dans les imaginaires qui leur sont associés[1]. » Malgré tout, l'absence de réflexion et le besoin de se convaincre qu'il est possible de retarder les terribles effets du vieillissement confèrent un pouvoir magique à une impossibilité matérielle et psychique... Les crèmes minceur ont une action « gainante, raffermissante, avec un fini confortable et velouté sur la peau[2] », d'autres vous sculptent, vous redessinent la silhouette et, en prime, vous plongent dans une *cool attitude*... Le parfum ne fait pas que répandre une fragrance, il « habille notre peau d'une pluie d'or et de nacres ».

Les nouvelles matières, microfibres et Lycra, sont agréables à toucher, aussi douces que la soie. Elles rendent nos vêtements douillets, surtout quand ils sont moulants. Les sous-vêtements sont fluides, parfaitement lisses. En outre, elles soignent ma peau et ma forme. La preuve, les collants massent, hydratent, affinent, « défatiguent », facilitent la circulation. Les culottes éloignent les bactéries. Le Goretex absorbe ma sueur et me réchauffe quand j'ai froid. C'est un créneau d'avenir pour les fabricants, tant nous aimons nous blottir et nous lover

1. Serge Tisseron, *op. cit.*
2. *Cosmopolitan*, avril 2001.

dans nos vêtements. Et que nos sous-vêtements soient caresse invisible.

Depuis la fin des années soixante-dix en Europe, le massage s'est considérablement démédicalisé. Il est essentiellement plaisir. Tout a commencé dans les communautés hippies de retour de Katmandou ou de Bangkok, où le massage est traditionnel, même s'il est alors devenu, sur demande occidentale, fortement connoté « sexuel ». En fait, il s'agissait avant tout de retrouver des sensations refoulées, d'aller à la rencontre de son énergie primitive. Tout cela bousculait des tabous et des inhibitions sociales, mais c'était justement à cause d'eux que l'on se sentait si tendu, rigide, étranger à soi-même (et aux autres). Désormais, on se fait masser, modeler, sur tous les modes, californien, suédois, thaïlandais, tibétain, égyptien, indien, chinois (do-in), japonais (shiatsu, reiki), initiatique, réflexologique, lymphatique (drainage), sensitif, sportif, palper-rouler. Des mamans le faisaient naturellement depuis des siècles sur leurs nourrissons, et la sensation d'être de nouveau l'objet de soins nous ravit. Oui, nous voulons être caressés, pétris, étirés, et qu'on nous appuie des doigts, des mains ou des pieds là où ça fait du bien. Et si ça fait mal, c'est pour notre bien. C'est ce que disaient nos parents avant une piqûre ou après une fessée.

À la même époque, on a (re)découvert que l'eau nous massait et nous malaxait de façon bénéfique. Avec des sensations tout à fait plaisantes (bains bouillonnants, bains à microbulles, brumisations), qui prend parfois une petite coloration masochiste (hydromassages avec jets puissants qui nous clouent au mur, enveloppements de boue marron à l'odeur de poisson...). C'est devenu beaucoup plus sensuel que ce qu'en disaient les Romains ou les aristocrates qui se rendaient à Bath ou à Baden-Baden. Lors d'une cure de thalassothérapie, qui utilise notre milieu d'origine, l'eau est chauffée à environ 34 °C, une température qui permet la pénétration (transminéralisation) par l'ouverture des pores de la peau. Et c'est dans ces conditions d'abandon et de relaxation que se déroulent les soins qui nous « touchent ».

C'était tellement bon que le jacuzzi est entré chez les particuliers. Mais attention, se glisser dans un jacuzzi, « c'est plus que prendre un bain, c'est prendre du plaisir, des sensations », dit une publicité. Il suffit d'ajouter l'huile de son choix : amincissante, relaxante, circulatoire ou tonifiante, et de « savourer l'instant présent ». Ici et maintenant, disaient les hippies. Plus récents, les spas, qui n'ont plus rien de médical, offrent un concentré de soins de beauté. Leur décor est souvent exotique, avec hammams, saunas, bains bouillonnants, massages, modelages relaxants ou affinants, pédicurie et conseils en maquillage. Cette nouvelle pratique urbaine se doit d'être « différente », car on aime explorer de nouveaux territoires. On y pratique donc la vinothérapie, avec son massage au marc et gommage « crush cabernet » de raisin, ou bien le soin ayurvédique (en direct d'Inde) avec gommage au riz et aux épices, des effleurages à l'ylang-ylang, et surtout le Shirodrara Ayurvedic Massage, qui commence par un filet d'huile chaude s'écoulant au milieu du front, au niveau du sixième chakra, celui du troisième œil. Pour le plus grand plaisir du baba cool, devenu « de luxe ». L'objectif ici est de satisfaire la clientèle, d'être aux petits soins. Aux États-

Unis, on dit que ces lieux sont faits pour le *pampering*, c'est-à-dire pour dorloter, gâter les clients infantiles en mal de douceur et de câlins dans un monde de brutes.

L'inacceptable et le désirable

Le passé était poilu, nos ancêtres en sont la preuve. Désormais, le poil est obscène, c'est le comble du socialement incorrect. La preuve, les enfants n'en ont pas. Fantasme de l'enfant imberbe. La peau doit être lisse et satinée. Honte au poil ! C'est une obsession. En France, 82 % des femmes les suppriment, c'est le record en Europe (avec les Grecques). Tous les moyens sont bons : crèmes dépilatoires, cire (froide, tiède, chaude, orientale), laser, épilateur électrique, et rasoir, qui reste l'arme absolue pour 57 % des femmes qui s'épilent. L'épilation totale gagne du terrain. Les modèles ici sont les actrices X, qui nous montrent des sexes sans poil, pubis et grandes lèvres rasés de près. On *voit* mieux, mais aussi – et c'est plus inquiétant –, certains trouvent cela beaucoup plus excitant (comme un sexe de petite fille ?). Les hommes aussi se font épiler, le buste, le dos et le reste. Le gagnant de « Loft story », Christophe, a montré à toute la France qu'il ne supportait pas les poils et se rasait les aisselles, le torse, le visage et même le crâne. Dans cette mode du crâne rasé, faut-il voir une régression au stade du nourrisson ? En tout cas, c'est le meilleur moyen, lorsque l'on commence à perdre ses cheveux, de dissimuler son début de calvitie, qui donne un coup de vieux radical (sauf chez Zidane, parce que c'est Zidane), alors que la boule à zéro, c'est séduisant, depuis que Barthez et Obispo la pratiquent. Quand on en a, on sculpte ses cheveux, avec de la graisse, des gels, des laques. Ils sont lisses, sculptés, frisés ou ont le look « mouillé ». Encore mieux, en dreadlocks façon rasta.

Malgré tous nos efforts, il faut encore parfois souffrir pour être belle, et beau. Mais c'est un choix ; certains ne font pas plaisir à leur peau, ils la maltraitent même, car ils n'en seront que plus beaux après. On se tatoue, on se pierce partout. On se scarifie, comme des bêtes. Certains se « brandent » c'est-à-dire se marquent au fer rouge. Comme l'ado qui teste sa résistance à la douleur et prend des risques « irréversibles ». « Ces pratiques permettent de se différencier, de jouer avec son identité ou de montrer son appartenance à un groupe social ou à une "tribu" particulière. Les motivations ludiques et surtout transgressives ne sont pas absentes de ces comportements[1]. » Dans les sociétés industrielles, le tatouage, et plus encore le piercing, ne relèvent pas d'une tradition. On est loin des marins au long cours dont le corps couvert de dessins bleus racontait la vie aventureuse, ou des rites ancestraux des peuples « primitifs ». Sauf que ces pratiques ont gagné des catégories de gens inattendues, « de la banlieue au XVIe arrondissement », dit Dominique Minchelli, coordinateur de l'Aperf, l'Association des perceurs de France. Cadres, fonctionnaires, bourgeoises, hommes politiques, retraités représentent la moitié de la clientèle de certains pierceurs. « C'est pour l'esthétique », disent-ils, une esthétique qui accompagne une recherche – ou une affirmation – d'identité.

1. Gérard Mermet, *op. cit.*

Des objets à cajoler

Les objets de tous les jours, de la petite cuiller jusqu'au fauteuil, sont de plus en plus ergonomiques, ils « épousent » nos formes. Ils nous caressent.

Côté maison, le début des années quatre-vingt-dix avait vu la tendance cocooning : on restait calfeutré chez soi, avachi dans un canapé mou au ras du sol ou sur des coussins, autour d'une table basse. Il en reste des traces, notamment cette mousse de polyuréthane dont la densité est proche de celle de la chair, et avec laquelle on fabrique des « modules », coussins, cale-têtes, repose-pieds, qui épousent la morphologie du corps dans différentes postures de détente, par terre de préférence. Heureusement, d'autres designers ont pensé aux lumbagos des quinquas et ont conçu des meubles plus ergonomiques, qui collent au corps, c'est utérin, cette sensation de confort et de sécurité. Ils n'ont pas négligé l'appel du grand large des années passées ; la chaise qui a décroché en 2000 le premier prix de design du concours Top Plastique se présente sous la forme d'un emballage plat comme une crêpe, roulée comme un sac-poubelle. On déplie et hop ! elle se gonfle. Elle cumule ainsi toutes les qualités que l'on aime : rigolote, ingénieuse et esthétique, dans le droit fil du fauteuil Up en polyuréthane rouge créé en 1969. La vogue du plastique se nourrit ainsi de l'engouement actuel pour le pop'art, de la redécouverte des meubles cultes créés par les grands designers des années soixante et soixante-dix, mais aussi de son évolution : on peut désormais lui donner la forme que l'on veut. Le voilà « coulé dans des formes molles, rondes, anthropomorphiques, dopé aux couleurs vitaminées et symbolisant un nouvel art de vivre[1] ».

Nouveaux, mais résolument tournés vers le temps béni « d'avant », voici des couverts qui s'inspirent de la gestuelle des premiers hommes : le creux de la main dans laquelle on boit l'eau de la source pour la cuiller à soupe, le doigt que l'on trempe dans la crème pour la cuiller à dessert, le pic pour la fourchette et le silex pour le couteau. Soyons primitifs !

On n'a plus peur de se payer des petites tranches de régression/transgression. Se faire un petit plaisir pas très raisonnable. Les chips, catastrophe nutritionnelle, sont parfaites pour cela, d'ailleurs, on les mange sans réfléchir. Elles font un bruit croustillant quand on les mâche, on les prend avec les doigts, elles laissent plein de sel partout, on lèche, et on en veut encore !...

Il n'y a pas que les chips : 58 % des Français déclarent aimer manger avec les doigts, et à vingt-cinq ans, la lofteuse Loana boit encore son biberon le matin. Elle n'est apparemment pas la seule : on aime la forme du biberon, de sa tétine et tout ce que cela évoque. On la suce, on la mordille, on l'étire, on la lèche. On aime faire le bébé, non pas directement, on aurait l'air ridicule, mais par ricochet, depuis l'adolescent qui surnage en nous. Comme du temps de nos quinze ans, quand, finalement, vouloir toujours être grand, c'était fatigant. Alors, un mercredi après-midi, on allumait la télé pour regarder Casimir en suçant son pouce. Il n'a donc pas fallu

1. *DS*, avril 2001.

être un génie pour imaginer des boules anti-stress destinées aux plus de trente ans surmenés qui ne vont quand même pas porter à la bouche ce qu'ils tripotent ; leur consistance moelleuse offre suffisamment de résistance pour que l'on puisse s'acharner dessus. Objets à palper, à tripatouiller, à triturer. Les peluches sont très bien pour cela. Il s'en vend de plus en plus. On les collectionne, on se vante de dormir avec. Dans son numéro d'avril 2001, le magazine *Maison française* a mené l'enquête : « Notre monde se "virtualise" de plus en plus, explique le magazine de décoration, et il devient nécessaire de retrouver des sensations basiques, voir primaires, comme le toucher. » Les housses de téléphones mobiles en peluche font un tabac, même auprès des hommes d'affaires, et là, on est dans le luxe car c'est signé Hermès, Louis Vuitton ou Gucci. C'est parfois du vison (du vrai). On peut avoir envie de choses douces, mais avec classe.

Moins chic mais tout aussi rassurant, la bouillotte a fait son grand retour. C'est de la nostalgie pur sucre car, de nos jours, les appartements sont (sur)chauffés. Mais elles reviennent, habillées de peluche ou de fausse fourrure, façon loup, vison ou renard, mais aussi de laine jacquard ou de feutre. Dans les magasins branchés on trouve des petits lapins ou des nounours en laine toute douce, ou en peluche, que l'on peut sauvagement mettre au micro-ondes ou au congélo selon que l'on veut se donner une sensation de chaleur ou se rafraîchir en les passant sur le ventre, dans le cou... Un artiste, Olivier Urman, s'est lâché sur le matériau « peluche », qu'il trouve 100 % thérapeutique. Il a fabriqué des remèdes contre la vie dure d'adulte responsable avec toutes sortes d'objets utilitaires, mais parfaitement inutilisables en tant que tels. Un fer à repasser que l'on peut étreindre contre soi, une baignoire dans laquelle on peut dormir, une bouteille de whisky que l'on peut caresser amoureusement. « Ces peluches sont faites pour être tripotées, malaxées, embrassées. » Le bon docteur Urman est honnête : le résultat clinique n'est pas garanti. Qu'importe, ces objets que l'on peut câliner à loisir nous font du bien.

Ce qui nous entoure doit aussi nous être favorable, car l'utilitaire n'est plus suffisant en soi. C'est pourquoi les formes des objets de la vie quotidienne s'arrondissent, s'adoucissent. Même les voitures veulent nous enrober de leur « onctuosité ». Elles nous assurent de plus en plus de confort et de sécurité, étonnant pour un objet qui tue plus de huit mille personnes chaque année.

Dans un marché dominé jusque-là par l'imaginaire rigide et austère de la puissance de calcul, un quinqua en jean et T-shirt a fait apparaître la légèreté et la transparence. Steve Jobs, qui avait déjà révolutionné l'informatique avec sa simplicité macintoshienne, s'est dit qu'il n'y avait pas de raison que tout cela reste gris et sévère. Il a donc créé l'iMac aux couleurs de bonbon acidulé ; sa rondeur rappelle la courbe des seins et des fesses que l'homme aime tellement caresser, ou le ventre de la femme enceinte. De plus, on voit tout à travers (coque translucide) ! Et si l'informatique reste peu fiable et souvent frustrante, ne sous-estimons pas les plaisirs subliminaux qu'elle nous procure et que le psychiatre Serge Tisseron a décryptés : « Il suffit de frotter légèrement notre souris sur un petit tapis pour faire apparaître des mondes sur les écrans de nos ordinateurs. Et ces trois mots, “tapis”, “frotter” et “apparaître”, nous ouvrent la porte à d'autres rêveries de la souris[1]. » C'est une lampe d'Aladin, je crée, je change l'organisation des choses, j'ouvre un nouveau monde, je referme l'autre, j'efface, je supprime, je coupe, je colle. On se croirait à la maternelle et dans un conte de fées à la fois.

Pour les mobiles, il a fallu là aussi améliorer la donne. Les premières sonneries des téléphones cellulaires étaient insupportables. Elles allaient se répandre par millions, il fallait inventer autre chose. Un petit bourdonnement, un « bzz » aurait pu convenir. Mais les constructeurs ont fait mieux, ils nous font vibrer... Quant aux mauvaises langues qui trouvent que le mobile est phallique, c'est très réducteur. Certes, nous le tenons bien en main, nous le caressons involontairement, nous vérifions sa présence au fond de notre sac, de nos poches, nous comparons les mérites respectifs du nôtre et de ceux de nos copains. Mais à bien y regarder, il s'apparente plus à une sorte de poupée que l'on habille et déshabille (de coques différentes), que l'on berce dans sa poche et dans son sac, ou que l'on laisse provisoirement à la maison.

Effleurer le monde

La culture « glisse » fait fureur, comme en témoigne l'engouement pour les sports *fun* : ski, surf, planche à voile, mais aussi glisse urbaine et Internet, sur lequel on « surfe ». Tendance lancée

1. Serge Tisseron, *op. cit.*

par les jeunes... et suivie de très près par les moins jeunes. Il faut dire que dans notre mythologie moderne, le surfeur est non seulement jeune mais beau, bronzé, indépendant et libre. Il est en harmonie avec la nature, il sait bien la prendre, comme le champion du monde Kelly Slater sur les vagues de Hawaii. On glisse, c'est-à-dire qu'on passe d'un endroit à un autre, sans s'attacher, sans se fixer. On est libre. Ce mode de vie était notre rêve, à l'époque où l'Australie était la destination idéale, le bout du monde, un monde jeune où tout était possible ! Ceux qui pratiquent le roller se reconnaissent dans ces termes. C'est *le* mode de déplacement récréatif. Il crée des tribus qui se réunissent régulièrement.

Douze mille pratiquants en moyenne se retrouvent le vendredi soir à Paris pour la randonnée hebdo où les parcours changent afin d'explorer de nouvelles pistes. Des jeux de scouts revisités *fun*. À la Ville de Paris, on ne s'y trompe pas : c'est une « manifestation non revendicative ». Faire du roller, c'est une façon d'être dans la vie. On est plus léger, plus autonome. Pas embêté par les embouteillages et les mauvaises humeurs. On se retrouve entre gens de même passion, une vraie tribu. Pour les adultes, c'est une volonté de régression, on se rappelle l'époque où on faisait du patin à roulettes, et, de plus, on fait une activité avec plein de plus jeunes que soi. Il est vrai que le roller rassemble des pratiquants entre sept et soixante-dix-sept ans. Mais on peut y voir aussi une dimension transgressive, car la pratique du roller est une façon de montrer que l'on refuse un monde urbain envahi par la voiture et qui engendre beaucoup de solitude.

La trottinette a rameuté les foules de mamans et de mamies nostalgiques de leur patinette d'hier. De jeunes cadres s'y sont laissé aller, mais en France l'engouement n'a pas duré. Sans doute parce que trop régressif justement. Pas d'inhibition de ce genre en Californie ou en Australie, où les adultes continuent à trouver cela « super *cool* ! ». Il est vrai qu'elles sont faciles à conduire et ne demandent aucun apprentissage. En avril 2001, *Cosmopolitan* persistait et conseillait des gadgets en tout genre pour « *customiser* sa trottinette », entre autres un tachymètre, compteur de vitesse qui affiche les informations qu'il reçoit de la puce positionnée sur la roue. Et aussi, le « Trottibasket, panier en plastique translucide, ultrasolide, dans lequel on glisse tout ce qui tient difficilement dans un sac à dos ». Tout est là, l'aspect esthétique, ludique, pratique, mais aussi décalé avec la mention du sac à dos, comme si l'on ne pouvait concevoir de porter un sac plus classique quand on s'adonne au plaisir de la glisse.

Par glissement de sens, ce n'est donc pas complètement un hasard si on « surfe » sur Internet. D'ailleurs, près de la moitié des pratiquants de roller travaillent dans les nouvelles technologies... On reste des heures devant son écran à passer d'un sujet à un autre, d'un site ou d'un forum à un autre. On zappe quand ce n'est plus intéressant, on va à la page suivante ou précédente d'un simple clic, on va voir, et on en revient. C'est léger, c'est ludique, cela ne « prend pas la tête ». On discute sans se voir, sans se toucher, sans se sentir. On s'y fait des amis, certains internautes finissent même par se marier. Et quand on rencontre ses potes « en vrai », on se claque dans la main, sur l'épaule. On s'embrasse beaucoup, même lorsqu'on se connaît à peine. Au bureau, deux bises à tout le monde. Entre amis, plus souvent quatre. Mais on ne se connaît pas plus que ça, finalement. Comme dans les bandes de collégiens, on s'embrasse machinalement, sans y faire attention, parce que c'est la meilleure façon d'en faire partie. Cette façon de se saluer relève du marquage de territoire plus que d'une intimité véritable. On montre ainsi que l'on connaît « tout le monde », et qu'on est accepté par tous. Selon Pascal Bruckner, c'est typique d'une époque qui « privilégie la sensation sur l'expérience, le frôlement sur l'enracinement [1] ».

1. Pascal Bruckner, *op. cit.*

Chapitre 4

Sexe, le « sixième sens »

> « Les anges n'ont pas de sexe, puisqu'ils sont éternels. »
>
> Auguste Comte, *Catéchisme positiviste.*

Le sixième sens par excellence, c'est celui de l'adolescence. Celui que l'on découvre avec avidité et inquiétude, celui qui nous met à défi et parfois en défaut. Jusque dans les années soixante, la sexualité était muselée, on n'en parlait pas, c'était un peu sale, mais pas d'autre moyen de faire des enfants. C'était de toute façon une affaire très privée. Une décennie a suffi pour renverser l'ordre sexuel millénaire. Le progrès et quelques lois ont officiellement « libéré » une sexualité qui ne demandait qu'à exploser.

Tout a commencé avec la loi Neuwirth sur la légalisation de la contraception, adoptée en première lecture par l'Assemblée nationale le 14 décembre 1967. Cela tombe bien, les beatniks de retour d'Inde viennent tout juste de nous rapporter le *Kama Sutra*. C'est aussi l'époque où le corps devient roi. Il doit être beau et heureux. Mais cette mise en culte du corps ne se situe pas qu'au-dessous du nombril, et le 20 mars 1974 ouvre le premier club de ce que l'on n'appelait pas encore « fitness ». Le 28 décembre de la même année, l'avortement n'est plus un crime.

Depuis, la sexualité est libérée. On a découvert les joies du sexe, mais cela ne suffit plus. On en veut plus, et, désormais, l'érotisme n'est plus cantonné au domaine intime. Le sexe est partout. Il s'affiche, et il est interdit d'être complexé. « Mal-baisé » est une insulte. C'est le comble du politiquement incorrect puisque quand on est « jeune » et bien dans sa peau, on baise, et bien. D'ailleurs la frustration c'est nul, dans tous les domaines.

Les temps changent. Avec la liberté sexuelle vient automatiquement celle des femmes. À la fin des années quatre-vingt, la féministe américaine Eve Ensler écrit une pièce à partir d'interviews de femmes et proclame : « Un homme sur deux a un vagin[1]. » Mais avec le sida, puis les hépatites B et C, les us, coutumes et costumes sexuels se sont profondément modifiés, comme l'explique Pierre Lembeye : « On se protège, on s'habille, on se gante. On s'achemine aussi vers des pratiques "télé" virtuelles, quasi masturbatoires, où chacun reste dans sa bulle protectrice. Cela va globalement dans le sens d'un contrôle de plus en plus grand de la sexualité, allant d'une stricte fidélité aux différentes formes de coït à distance, homosexuel et hétérosexuel, le "safe sex", le coït télé, télévisé, téléphoné, les films pornographiques, le cyber-sex[2]. » Après le Minitel rose et

1. Eve Ensler, *Les Monologues du vagin*, Balland, 1999.
2. Pierre Lembeye, *op. cit.*

les petites annonces du *Nouvel Obs*, les numéros de téléphone rose se multiplient. Depuis la création d'Internet, les sites *hot* sont parmi les plus visités (aux côtés, notamment, des sites boursiers – ce qui laisse rêveur quant aux moteurs de cet « âge de l'accès » selon le mot de Jeremy Rifkin : le sexe et le fric), et cela crée même une nouvelle addiction.

Depuis quelques années, le porno sort du ghetto. Il devient chose publique, il est revendiqué, affiché. Que le désir soit ! Le plaisir est obligatoire. Il faut le dire, le montrer. Les livres qui disent et comptabilisent les organes, les orifices et les actes se vendent comme des petits pains. Des films font scandale en échappant ou pas au marquage à l'X rouge. Mais les stars du porno s'en fichent, elles sont des stars tout court, invitées sur les plateaux télé et pourvoyeuses de conseils pour ceux qui ont le sexe pauvre et misérable. Partout affichée, la sexualité est devenue un arrière-plan et un enjeu social majeurs. Pour le grand bonheur des laboratoires pharmaceutiques, le désir se médicalise, le plaisir se technicise. Les femmes veulent leur Viagra pour avoir des orgasmes multiples, tandis que les hommes s'inquiètent s'ils n'ont pas des performances d'étalon. La peur est là, et pas seulement chez les deux millions et quelques d'hommes qui ont des troubles de l'érection (chiffres communiqués par les laboratoires Pfizer).

Représentations

Libérées, les femmes se déchaînent dans les livres et les films, où elles revendiquent leur plaisir, leur rage, leur désir, leur violence, leur platitude. « Avec le zèle qui caractérise les convertis et, parfois, la naïveté propre aux novices, soudain, elles déballent tout ! Et avec quelle indécence ! Quelle débauche de mots ! » constate Florence Assouline dans *Marianne*[1]. On commente, on s'indigne, on s'étonne... et les ventes plafonnent. Les auteures sont des baby-boomeuses, comme Catherine Millet et sa *Vie sexuelle*, Catherine Breillat qui met en scène *Romance* avec Rocco Siffredi, l'homme le mieux armé du porno, Annie Ernaux (*Passion simple*) ou leurs petites sœurs, Catherine Cusset (*Jouir*), Marie Nimier (*La Nouvelle Pornographie)*, Alina Reyes (*Le Boucher*, *Ma vie douce*). La jeune génération cogne encore plus fort. Elles s'appellent Christine Angot, Ann Scott, Virginie Despentes, Claire Legendre, ou encore Raffaëlla Anderson, ex-actrice porno qui règle ses comptes dans *Hard*. Le public achète en masse, car dans un monde qui montre tout, on veut voir et savoir encore plus. Pour être branché, pour avoir fait comme les autres. « Tu l'as lu, le Catherine Millet ? » Le dernier best-seller à la mode (qui n'est pas loin du million d'exemplaires vendus, tous pays confondus) est une lecture obligée. De quoi aurait-on l'air ? Mais, comme après tout abus ou trop grande nouveauté, on reste un peu sonné. « Les années 2000 sont passives, voyeuristes, béates devant le nombre et la crudité des femmes », écrit Anna Alter[1]. L'important est de transgresser, d'avoir le sentiment d'être la première à franchir les limites.

1. *Marianne*, 18-24 juin 2001.

Prostipub

Depuis quelques années, la publicité se la joue porno chic, car la fesse, surtout quand elle est élégante et choc, fait vendre. Les marques, y compris les plus guindées, qui misaient uniquement sur la classe, le luxe, l'exclusivité, la noblesse de leurs tissus, de leurs coupes et de leur clientèle, jouent à fond sur la provocation, à commencer par le secteur des parfums. Sous l'emprise d'Opium, Sophie Dahl s'est caressée jusqu'à l'orgasme sur tous les panneaux et dans les magazines. Ailleurs, c'est une belle brune en robe rose qui, elle aussi, s'est donné bien du plaisir. Quelques mois plus tôt, le même couturier avait déjà laissé une blonde diaphane entre les pattes d'un chien à la tête gainée de cuir. Saint-Laurent a donné dans la confusion des genres et le voyeurisme avec une femme androgyne et torse nu face à un miroir, sous l'œil de deux messieurs délicats, à demi cachés. D'autres ont activé la fibre lesbienne. C'était « pour créer une atmosphère de douce mélancolie corrompue », a justifié Donatella Versace. Ici, un homme, une femme, peau moite et lèvres mouillées, caressent d'un air languide le pistil jamais très innocent de fleurs exotiques dans un jardin d'éden façon paradis tropical. Là, un superbe mâle, retouché numériquement du côté des abdos-dominos, lorgne intensément et sans détour sur une clubbeuse déchaînée dont le T-shirt minimal et trempé de sueur laisse apparaître les tétons dressés. La peau est moite, les lèvres entrouvertes. Même uniforme, peau moite, lèvres entrouvertes (PMLE, un nouveau code de bonne conduite), pour un parfum de désert, où la jeune fille, sous un soleil de plomb et sur le sable abandonnée, en mini monokini, lance un regard incandescent à l'objectif. C'est-à-dire à nous, derrière l'objectif.

Amusant de se rappeler que, en 1981, l'affiche « La semaine prochaine, j'enlève le bas » affola la France entière et choqua les plus de trente ans. Myriam était torse nu sur la plage, attitude saine et sportive. Rien d'une allumeuse, et pourtant, c'était une provocation inouïe. Les médias avaient une semaine pour en parler. Fallait-il s'indigner, la femme était-elle objet, était-ce de la pornographie, la décadence, la fin d'un monde ? On allait voir ce qu'on allait voir. Du poil, peut-être ? Inimaginable. Huit jours plus tard, on vit une superbe paire de fesses, parole d'afficheur tenue. Une marque de lingerie féminine a commencé à donner ses leçons de séduction au compte-gouttes il y a plus de dix ans. On est là dans une imagerie d'art, de perfection plastique... qui fait tout de même grimper les messieurs aux rideaux et le chiffre d'affaires de la maison (+ 200 % depuis la fin des années quatre-vingt). Le texte y donne plus souvent à sourire qu'à s'offenser. Rien à voir avec le porno classe et décadent, tendance PMLE dupliquée sans génie pour n'importe quel produit. Pour montrer des petites culottes, rien de tel que d'allonger une fille et de lui demander d'ôter son jean. C'est bien sûr avec John Galliano que l'on atteint le top du choc. En plein *shooting*, le créateur dioresque aurait trouvé les photos de Nick Knight trop « classieuses » et aurait demandé que l'on barbouille les filles de boue, genre huile de vidange. Sur les photos finales, elles ont l'air d'avoir subi des violences, ce qui semble les avoir chauffées à blanc. Elles se frottent, fiévreusement et PMLE, sur le mode saphique. Il fallait oser piétiner ainsi le symbole même du luxe et de la classe. Ils l'ont fait et cela choque, mission accomplie. Même pour une bague, on montre un homme et une femme enlacés en décadanse, au bout de l'extase. Ici, la toison noire de la femme, qui tombe abondamment sur ses seins, ajoute une note érotique peu ambiguë. Dans un monde où les produits sont aussi érotiques, même les voitures se doivent de donner des « sensations pour adultes ».

Et cela fait vendre. Parfois, c'est même une réaction négative qui déclenche l'acte d'achat. Le spectateur, offensé ou rebuté, « peut tenter de résoudre son malaise en optant pour la solution induite par la publicité : c'est-à-dire consommer le produit. Comme les autres membres du groupe auquel il appartient ou souhaite appartenir[1] ». Et voici comment Dior a augmenté ses ventes de 40 % : en attirant des clientes qui se reconnaissaient mieux dans des marques plus jeunes, plus sexy. Dans un tout autre secteur, une crème fraîche lance un message machiste : « Je la lie, je la fouette et parfois elle passe à la casserole », et les ventes progressent de 28 %, ce qui n'incite guère à la retenue. En son temps, Eram aussi a joué sur la provoc : « Il faudrait être folle pour dépenser plus » (disaient des hommes en jupe longue devant des femmes en costards noirs). Plus récemment, un homme nu portant chaussures féminines a assuré qu'aucune femme n'avait été maltraitée pour faire cette pub. Il arrive que les femmes prennent elles aussi les hommes

1. Serge Tisseron, *op. cit.*

pour de la marchandise, car il faut que la transgression joue à double sens. Une marque de chocolat fait dire à une femme qu'elle préfère les vingt centimètres d'une tablette de cacao à ceux d'une star du X. Avec Kookaï, l'heure de la vengeance a sonné, les hommes lilliputiens se sont trouvés empêtrés parmi des cheveux dans la douche et ramassés négligemment par une lolita intriguée. Ce sont souvent les marques les plus prestigieuses et les plus classiques qui s'adonnent au porno chic. On transgresse dans la noblesse. On s'encanaille comme des voyous. Ainsi, les messieurs apparaissent de plus en plus souvent nus. Ils le sont encore plus, parce que de façon parfaitement incongrue, pour une marque d'électroménager : « Sur cette page, tout ce dont vous avez toujours rêvé. Et un homme nu. » L'Adonis musclé est au premier plan, et très loin, au fond, l'aspirateur de mes rêves, prêt à servir. Ou inversement. Une honorable marque de soutiens-gorge met en scène un viol nocturne dans le parc d'un château illuminé, la femme se rhabille, une fois son forfait commis. L'homme gît à ses pieds, nu.

Mais trop, c'est trop. En juillet 2001, un groupe d'experts a remis au gouvernement un rapport sur l'image des femmes dans la publicité. Il faut « endiguer les dérives ». Punir ceux qui « franchissent la ligne jaune ». Interrogées au cours d'un sondage Ipsos commandé par le gouvernement, la moitié des Françaises disent qu'elles sont « souvent ou très souvent choquées » par les publicités présentant des femmes. Mais on est dans le domaine politique ; il s'agit plus de lutter contre la violence et la discrimination que contre l'obscénité. La représentation de l'acte sexuel n'est d'ailleurs obscène que lorsqu'elle met en scène d'autres personnages que le modèle dominant : un couple jeune, beau, musclé, bronzé. Il faut respecter le mythe de la sexualité normalisée. Les déviances, qui ont l'air tellement tolérées, ne le sont qu'« à condition qu'elles se résignent à leur statut [1] ». Tout est alors possible, droits, libertés et chirurgie aidant. Dans l'une de ses chroniques hebdomadaires, Frédéric Beigbeder fait des propositions modernes : « Dans toutes les boîtes de nuit, on sépare les toilettes pour dames et les toilettes pour hommes. Quelle ségrégation obsolète ! Pourquoi obliger la clientèle à choisir ? Je pense qu'il serait temps de créer un troisième lieu d'aisances : les toilettes pour androgynes, indéterminés, pas sûrs, hésitants, hermaphrodites, transsexuels, transformistes, bisexuels, pas persuadés, drag queens, peu définis, non convaincus, etc. [2] » Quand ces minorités se font entendre, les médias choisissent toujours l'angle folklorique et spectaculaire. Il s'agit d'affoler le bourgeois, de transgresser les tabous, de montrer des envies qui ne peuvent attendre, et d'amplifier des expériences extrêmes. Beaucoup plus rarement de dire la vraie difficulté d'être différent.

Les écrans en émoi

Publicité, télévision, cinéma, littérature... de plus en plus d'images et de textes comportent des scènes de *hard sex*. Dans ces représentations, la femme est toujours très demandeuse. Selon l'anthropologue Jakob Pastoetter, qui s'exprimait lors du congrès

1. Pascal Bruckner et Alain Finkielkraut, *Le Nouveau Désordre amoureux*, Seuil, 1977.
2. *VSD*, 31 mai-6 juin 2001.

mondial de sexologie de Paris en juin 2001, les premiers films pornographiques, depuis les années vingt jusque dans les années soixante, avaient un but essentiellement éducatif. Ensuite, jusqu'à la fin des années quatre-vingt, ils ont affirmé le droit au plaisir et au récréatif. Mais depuis les années quatre-vingt-dix, il s'agit d'obtenir le plus vite et le mieux possible une satisfaction sexuelle, ce qui correspond plutôt à une vision masculine, et en tout cas primaire, du plaisir. La pornographie reste donc bien une affaire d'hommes, même si elle montre des femmes déchaînées, forcément déchaînées.

Insatiable, Canal+, la chaîne qui a sorti le porno du ghetto, y est pour beaucoup. Car, désormais, la pornographie n'est plus honteuse, comme du temps de nos parents. Il fallait être vicieux et avoir l'esprit mal tourné pour aimer ça. Avec Vandel et son journal du *hard*, il n'y a rien de plus *cool*. Le film du samedi sur Canal+ fait un tabac. Les cassettes porno se vendent jusque dans les supermarchés. Seuls les coincés, les frustrés, les ringards n'aiment pas le porno. Les actrices X sont des vedettes. Brigitte Lahaye, Tabatha Cash, Laure Sainclair, Ovidie sont apparues en clair et en entier sur les écrans de télés généralistes. Les acteurs donnent la mesure de leur talent. Et chacun de comparer son propre outillage à celui du héros.

Après la floraison du Minitel rose et des petites annonces *hard* dans les années quatre-vingt, les sites Internet ont conquis un large et fidèle public. Même si certaines statistiques de fréquentation ne le signalent pas (en excluant de leurs classements nombre de sites au contenu jugé douteux), une proportion non négligeable de connexions sur Internet sont orientées vers les sites sexuels, qui offrent tous les avantages. C'est ce qu'on veut, quand on veut, comme on veut, et avec qui on veut. On n'a plus besoin de s'engager réellement avec un vrai partenaire. On peut rester au stade du fantasme et de la masturbation, comme aux débuts de la sexualité adolescente. Tout seul face à son écran, on se fait ce qu'on veut, on n'est pas contrarié. Mais rien n'est facile, il y a aussi des problèmes sexuels dans le cybersex. Ici, c'est un programmeur de trente-deux ans qui a des difficultés à maintenir une érection pendant ses communications de sexe sur Internet, là, une femme de trente-huit ans qui n'arrive pas à jouir malgré les conversations et les jeux *hot*.

Désir de « tout voir », de tout montrer, pas sûr... Ce qui est grave, explique Serge Tisseron, c'est que, pour certains, la pornographie n'est plus seulement là pour « tout montrer » justement (ce qui lui conférait un rôle pédagogique pour les ados qui ont besoin d'une petite initiation technique avant les rencontres réelles), mais qu'elle correspond aussi au désir de « ne rien savoir ». Ne surtout pas s'aventurer du côté de l'amour, qui, lui, n'est pas que physique et observable.

Quoi de neuf, docteur ?

Mais le sexe fait vendre, à condition qu'il continue à choquer ou à fasciner, comme quand on était ado. Le printemps venu, les magazines féminins et masculins y vont tous de leur papier « cul », et c'est forcément de plus en plus *hard* chaque année. Au cas où cela aurait échappé à notre vigilance, on y apprend tout : des jeux, des pratiques, des méthodes, des exercices, des nouveautés, sexuels s'entend. On ne va tout de même pas avoir une sexualité à la papa. On est moderne et prêt à tout. Pratiques paraphiliques (latex, fétichisme, transvestisme, sadomasochisme, exhibitionnisme...), tout est formidable, à essayer absolument. *Cosmopolitan*, ébloui, explique comment jouer au « bondage ». Aucun détail ne manque : « Au moyen d'une corde mais parfois aussi de cellophane, de menottes, de vêtements en cuir ou d'appareillages compliqués sortis tout droit de BD délirantes. » Cela n'est pas nouveau, cela date même de l'époque féodale au Japon, où le shibari était pratiqué comme un art au même titre que la calligraphie ou la cérémonie du thé. Avec ça, vous remodelez le corps de la femme en fantasme (presque) ambulant. On remonte les seins et si on lui attache les bras bien serrés dans le dos, ils sont projetés en avant, idem avec les fesses. Un vrai fantasme d'ado, le rêve réalisé d'une jeune vierge kidnappée par un homme des bois. « Ce jeu de rôle rigolo permet d'exprimer ses pulsions en toute sécurité. Pierre retrouve le goût du pouvoir et Tiffany redevient un bébé. Il goûte à nouveau le plaisir de la toute-puissance, tandis qu'elle, réduite à l'état d'objet, mais unique objet de son désir et de ses attentions, jouit de cette dépendance amoureuse qui fait d'elle le centre du monde[1]. » 19 % des Françaises se seraient fait attacher durant un acte sexuel en 1998, et, à en croire les magazines papier et télé, ce serait un *must*. Ce qui rend un peu acrobatique de s'indigner ensuite des viols collectifs, les « tournantes », actes qui relèvent de sexualités immatures,

1. *Cosmopolitan*, avril 2001.

mal assumées ou malades. Pas très étonnant qu'ils soient plus fréquents dans la jeunesse, dorée ou inox. Mais cela n'occupe jamais les premières pages. C'est un petit fait divers qui n'interpelle pas autant les médias que la pédophilie, devenue mal absolu. Mais aussi outil de rapport de force. On accuse son ex-mari, son professeur, d'être le grand méchant loup...

On n'est pas à un paradoxe près : les mères habillent de plus en plus leurs petites filles en bêtes de mode, une mode qui n'est plus du tout enfantine, mais très « sexe ». Comme une projection de ce qu'elles n'ont pu être à quatorze ans ? C'est sans doute aussi un jeu de miroir qui fait le succès de ces petites filles qui jouent à des jeux de grandes. Les chanteuses lolita cartonnent parce qu'elles font fantasmer. Dans leurs clips, très érotiques, elles se déhanchent et dansent comme des gogo-dancers. Mais elles ne sont pas ce que vous croyez. Encore moins aux États-Unis où, comme dans les pays musulmans, la virginité proclamée pimente le business. Brooke Shields l'a tenue à bout de bras pendant plus d'une décennie, Britney Spears a repris le flambeau. La petite Billie Piper, quinze ans, nouvelle coqueluche *teenage* aux États-Unis, se fait photographier avec sa peluche. Les médias se délectent et contribuent largement au succès foudroyant de ces bébés chanteuses, depuis Vanessa Paradis, qui a inspiré Gainsbourg, jusqu'à Alizée, produite par Mylène Farmer. Gainsbourg, Farmer, deux icônes modernes du soufre et de la perversion.

Comportements

Les pratiques sont ludiques, multiples, décontractées. Puisque la liberté est la règle, on la revendique aussi dans le couple et entre partenaires. L'adulescent ne prend pas d'engagement, surtout pas pour la vie. « Pourquoi rester ensemble quand on ne s'aime plus ? » est une évidence. Il faut de la satisfaction, c'est Mick Jagger qui l'a enseigné aux baby-boomers. Et quand il n'y en a pas, on va la chercher ailleurs. C'est beaucoup plus facile depuis que les relations se sont décoincées et que la sexualité est libre, sans contrainte.

Pour le meilleur et pour le plaisir

Le mariage n'est plus une institution rigide, d'ailleurs le divorce pour faute n'existe plus. On se marie pour faire la fête. On invite beaucoup plus de copains que de parents à la cérémonie. Une fois marié, on sait bien qu'il faut être un peu tolérant. C'est la meilleure façon de durer. Le terme « infidélité » est dépassé. Aujourd'hui, on a des coups de cœur. Il faut en profiter. Le plaisir prime. On doit être heureux et s'épanouir. Quitte à aller voir ailleurs. Honnis soient la frustration, le refoulement. On aime les aventures, parce que c'est toujours comme la première fois. Cette sexualité furtive, immature, donne parfois lieu à une double vie. Il est vrai que quand on ne sait pas grandir, la double vie peut sembler une solution : elle permet d'avoir d'un côté tous ses potes, comme quand on était jeune, et de l'autre femme (ou mari) et enfants, comme un vrai adulte.

C'est un avatar du « Jouissez sans entraves » de Mai 68. On recherche du plaisir pour soi plus que du partage avec quelqu'un. C'est égoïste, souvent irresponsable, parfois mortel quand on a des rapports non protégés entre inconnus.

Le sexe multiplié

Pour certains, cette sexualité tous azimuts n'est pas suffisante ; il faut aller toujours plus loin. Toujours plus haut, toujours plus fort. On « triolise », on « gang-banguise », on fait de l'échangisme, du « swinging », du mélangisme. Et on établit des records. Cinq cents hommes pour une seule femme ! À Houston, la championne du gang-bang 2001 brandit fièrement son trophée. Comme d'autres ont rapporté triomphalement leur bulletin scolaire à leur maman. Dans ces pratiques un tantinet compulsives et hyperactives, le partenaire est objet, utilisé puis jeté. Pour Michel Houellebecq, « les hommes et les femmes qui fréquentent les boîtes pour couples renoncent rapidement à la recherche du plaisir (qui demande finesse, sensibilité, lenteur) au profit d'une activité sexuelle fantasmatique, assez insincère dans son principe, de fait directement calquée sur les scènes de gang-bang des pornos "mode" diffusés par Canal+ [1] ».

L'autre risque, explique le sexologue Philippe Brénot, c'est « la tentation du faux conformisme actuel qui empêche le conjoint non consentant de

1. Michel Houellebecq, *Les Particules élémentaires*, Flammarion, 1999.

refuser, de peur d'être taxé de "ringard", de "réactionnaire" ou de "démodé"[1] ». C'est brutal, c'est primaire, mais c'est branché. On fait ce que nos parents n'ont jamais osé faire. En réalité, ces pratiques multipliées ont toujours existé, et elles font parler d'elles bien plus qu'elles ne se... pratiquent. Un peu comme lorsque, dans une bande, il y avait celui qui « l'avait déjà fait » et qui racontait ses expériences. La seule différence, c'est la liberté de parole, voire d'actions. On tolère tout, chacun fait comme il veut, seuls les réacs s'indignent. Ils le faisaient déjà en 68.

Le sexe malade

Mais il faudrait beaucoup de maturité dans le couple pour que cela soit vivable, estiment les sexologues, et il ne faudrait pas croire non plus que ce soit un indice obligé de bonne santé sexuelle. Il faut aussi faire la différence, disent Willy Pasini et Donata Francescato[2], entre les pratiques qui sont animées par une compulsion maladive de répétition et les « perversions *soft* » qui en restent au stade du jeu. Dans le couple, le sexuel est devenu l'acte fondateur alors qu'il n'était autrefois qu'une conséquence. De part et d'autre désormais, il y a une attente, des exigences, des performances à atteindre. Le sexe nous stresse au lieu de nous combler. Certains ont tellement peur de ne pas être à la hauteur, d'être « pas cap », qu'ils se prennent les pieds dans le tapis. Comme lors de certaines premières expé-

1. Philippe Brénot, *Inventer le couple*, Odile Jacob, 2001.
2. Willy Pasini et Donata Francescato, *Le Courage de changer*, Odile Jacob, 2001.

riences catastrophiques. Mais on avait des excuses, c'était la première fois...

On savait depuis toujours que l'homme était un cochon, parfois même un salaud. Au cours de la seconde moitié du XXe siècle, la femme a gagné ses galons de bête de sexe ; la sexualité de la femme est beaucoup plus riche, beaucoup plus variée, beaucoup plus subversive, tous les experts, tous les magazines le disent. C'est la nouvelle normalité, le conformisme obligé, et ne pas ressembler aux modèles est invivable. Les baby-boomeuses, dans leur liberté, ont creusé les nouvelles contraintes féminines. On est passé du droit à la sexualité au devoir de sexualité. Le désir d'orgasme, légitime, est devenu une obligation, il faut avoir un super-orgasme, sinon on n'est pas « bonne ». C'est la chasse à l'orgasme paroxystique, aux orgasmes à répétition.

Si on parle beaucoup depuis quelque temps des « troubles de l'érection » – on ne dit pas « impuissance », trop culpabilisant –, c'est parce que des laboratoires pharmaceutiques ont mis au point des pilules quasi miraculeuses, plus pratiques que les injections intracaverneuses qui fabriquaient de l'érection. Les labos ont beau dire que ni le Viagra ni Ixense ne mécanisent l'érection et la performance, dans les faits, ils dopent la sexualité. Quand un homme de quarante ans prend du Viagra pour retrouver la sexualité de ses vingt ans, c'est du sexe falsifié et immature. Mais les femmes réclament leur « truc », elles aussi, pour du sexe surmultiplié. Les recherches sont en cours. Dans les pays anglo-saxons, on place beaucoup d'espoirs en la découverte fortuite d'un chirurgien américain, Stuart Melloy, lors d'une expérience sur un traitement électrique de la douleur. Alors qu'il posait des électrodes sur la colonne vertébrale d'une femme, celle-ci s'est mise à gémir et à crier. « Je lui ai demandé ce qu'elle avait, raconte le chirurgien, et elle m'a répondu qu'il faudrait que j'apprenne à son mari à faire pareil. » C'est peut-être la solution pour fabriquer de l'orgasme mécaniquement, sur commande. Et qu'ainsi, peut-être, on soit toujours capable de jouir.

Les hommes ont peur de ces femmes très sexuelles. Ils se sentent remis en cause. Contre toute apparence, la sexualité n'est pas si réussie. Comme si trop de sexe tuait le sexe. Qui croirait que les mariages non consommés existent encore aujourd'hui ? Pourtant, les sexologues affirment entendre trop souvent cette plainte (après des années de vie commune). C'est d'ailleurs de l'émergence de la sexualité, de la « sexualité libérée », qu'est née la « plainte sexuelle » et donc la sexologie. Au moins, on en parle, pas seulement à ses potes ou à sa maman.

Depuis quarante ans, les sociétés développées s'adressent principalement aux sens. Beaucoup moins à l'intellect, alors que les événements, la médecine, la géopolitique, les enjeux écologiques, la technologie se complexifient sans cesse. On a d'autant plus besoin qu'on nous laisse vivre tranquillement. Le sensoriel est la vedette. La vue, l'ouïe, le toucher, l'odorat, le goût sont exacerbés, sollicités, cajolés, et les comportements en sont profondément modifiés. On ne « fonctionne » plus comme auparavant. Le plaisir, prohibé par des siècles de judéo-christianisme, est roi. Les émotions ont droit de cité. Stop au refoulement. C'est Freud qui l'a dit. Il faut suivre son *feeling*. C'est ce que disent les Orientaux, qui sont si sages. D'ailleurs, les bébés, les enfants, les adolescents vivent à ce rythme. Depuis que les croyances ont flanché, et que les idéologies ont trahi, on ne veut plus se prendre la tête. Ou en tout cas, moins souvent. Quelle cause en vaudrait la peine ? Le monde est cruel, les politiques nous trompent, rien n'est sûr, la vie a-t-elle encore un sens ? Ou bien faut-il seulement en jouir ?

Seconde partie

L'insoutenable légèreté du paraître

« La vie est courte, l'art est long, l'occasion fugitive, l'expérimentation dangereuse, le raisonnement difficile. »

HIPPOCRATE.

Le monde ne cesse de changer depuis quarante ans. Dès 1972, le psychiatre Erik Erikson constatait l'« universalité coercitive » de ce mouvement permanent, en accélération constante. Cette escalade inexorable est ressentie comme une menace par les individus, mais aussi par la société en tant qu'organisme porteur d'identité. Par ailleurs, l'affaiblissement des religions crée un gouffre que l'on ne sait pas trop comment combler. Pour Erikson, « il y a chez l'homme créateur de lui-même une inquiétude profonde dans le besoin qu'il éprouve de se sentir en sécurité à l'intérieur du monde qu'il a créé [1] ». Cette inquiétude conduit à une infantilisation de l'individu, et de la société, alors que toutes les

1. Erik Erikson, *op. cit.*

formes d'autorité ont diminué ou se sont assouplies. Où est le père ? Personne ne sait dire où l'on va et ce qu'il faut faire ou pas pour y aller. Les certitudes ont disparu. Les institutions républicaines ont perdu une partie de leur crédibilité. Les partis politiques et les syndicats n'ont pas répondu aux attentes. Ils n'ont pas réduit le chômage et la délinquance, ils se sont empêtrés dans de mauvaises décisions et des affaires douteuses. Qui pis est, les intellectuels n'ont pas su expliquer le changement ; la science soulève beaucoup plus de questions qu'elle n'en résout.

Les parents ont moins d'autorité, et d'ailleurs ils n'ont plus envie – ou n'ont plus les moyens – d'être des adultes conformes aux modèles existants. À bien y regarder, d'ailleurs, les adultes ne sont pas si nombreux, si on les compte comme autrefois, en tant que « population active ». Une frange d'adultes se retrouve en effet cernée par des inactifs dont la vie leur semble bien plus légère. D'un côté, des jeunes qui prolongent leurs études et restent plus longtemps à la maison, se marient plus tard, ont des enfants après trente ans, donc peu de contraintes. De l'autre, des retraités dès cinquante ans qui sont en pleine forme pendant longtemps, délivrés de leurs obligations. C'est encore plus injuste pour ceux qui sont entrés dans la vie active après 1975, après le grand choc pétrolier, et au début d'une longue crise. Ils ont eu plus de difficultés à trouver un premier emploi, leurs revenus ont augmenté moins vite que ceux de leurs aînés ; à l'arrivée, ils devront prendre leur retraite plus tard que les autres et elle sera bien moins favorable que celles qu'ils payent maintenant aux vieux. Pourquoi autant travailler au milieu de tous ces gens qui prennent du bon temps ?

La montée en puissance des loisirs répond parfaitement au besoin collectif de détente, d'évasion. La France a favorisé cette attitude en choisissant la réduction du temps de travail, en laissant de plus en plus de place à l'« épanouissement personnel ». Les industries du cinéma, de la musique, de la télé, mais aussi des parcs d'attractions et des discothèques, sont obèses. Alain Finkielkraut estime que si l'adulescent accorde une place croissante aux loisirs et à la détente, c'est parce que « l'industrie culturelle trouve en lui la forme d'humanité la plus rigoureusement conforme à sa propre essence[1] ». Pour Daniel Bougnoux, professeur de sciences de la communication, l'univers présenté par « Loft story » « pose une loupe grossissante sur notre monde moderne, horizontal, sans transcendance. Avant, il y avait toute une organisation verticale de la société : Dieu, l'institution, l'État, les parents... Aujourd'hui, cette verticalité a tendance à s'effacer, c'est nous, Dieu, c'est la communauté des téléspectateurs et des lofteurs[2] ». Ces leurres laissent croire que chacun a des droits illimités, peut être chef.

1. Alain Finkielkraut, *La Défaite de la pensée*, Gallimard, 1995.
2. *Télérama*, 4 juillet 2001.

Chapitre 5

Un monde à refaire ?

La fin du XXe siècle a vu les idéaux et les idéologies s'échouer mollement sur les rives de la réalité. Une partie des jeunes des années soixante y avaient cru pourtant, au « grand soir ». Ils ont rejeté la société « de consommation » et ont été, au choix ou bien successivement, marxistes, trotskistes, situationnistes, maoïstes, gauchistes, hippies, babas cools. Les déçus de cette première vague ont été punks à la fin des années soixante-dix ; un seul programme, une seule attitude : la transgression-démolition de tous les rêves, notamment hippies. Alain Pacadis, l'une des figures de la punkitude et des nuits parisiennes de l'époque, en avait résumé l'esprit lors de son passage à « Apostrophes » en avril 1978.

Bernard Pivot : D'où vient cette grande désespérance que l'on sent chez les punks ?

Alain Pacadis : C'est un mal de jeunesse... le monde que donnent les adultes nous le refusons, on ne peut pas s'y intégrer.

Bernard Pivot : Mais pourquoi personne ne pose le militantisme comme solution ?

Alain Pacadis : Non, le militantisme a montré sa faillite, le gauchisme, c'est fini[1].

Sauf que les jeunes dont parlait Alain Pacadis étaient déjà presque trentenaires à l'époque.

Pendant toutes ces années d'agitation, la majorité silencieuse a regardé avec envie, dégoût, curiosité ces mouvements qui venaient lui secouer les habitudes et les croyances. Et qui ont fini par imprégner la société moderne que l'on qualifie aujourd'hui d'« adulescente », depuis que les adultes n'arrivent plus à se sentir pleinement adultes.

En 1968, le philosophe Herbert Marcuse dénonçait l'omniprésence de la publicité et de ses outils (design, études de marché, effets de mode) dans les « industries culturelles », depuis les livres jusqu'aux arts graphiques, en passant par le cinéma, la musique et les spectacles vivants. Elles y perdaient, disait-il, leur grande qualité, celle de favoriser la réflexion morale et la prise de conscience politique des enjeux collectifs. Au contraire, elles anesthésiaient le consommateur, le rendant passif et docile.

Désormais, en politique, dans la société en générale comme dans la vie privée, les contradictions et les à-peu-près fleurissent.

1. Propos rapportés dans le livre d'Alexis Bernier et de François Buot, *L'Esprit des seventies*, Grasset, 1994.

Liberté, droits et devoirs

> « En gagnant la liberté, il a perdu aussi la sécurité, il est entré dans l'ère du tourment perpétuel. Il souffre en quelque sorte d'avoir trop bien réussi. »
>
> PASCAL BRUCKNER, *L'Euphorie perpétuelle.*

Si l'autorité traduit, « sans contestation possible, une supériorité d'un individu sur les autres [1] », on comprend qu'elle n'ait pu survivre aux années soixante. Elle ne rentrait plus dans le moule créé par la contre-culture ; désormais tout le monde était sur un pied d'égalité, les parents, les enfants, les gouvernants, les gouvernés, les profs, les élèves, les patrons, les ouvriers. Aujourd'hui, les prêtres eux-mêmes s'insurgent contre les dogmes : « La tendance à la multiplication des déclarations de "vérités intangibles" réduit la responsabilité de la conscience personnelle et interdit la poursuite de recherches nécessaires pour la traduction et l'inculturation du message chrétien [2]. »

Dans ce monde vacillant, l'individu est désormais la seule croyance qui tienne, la seule valeur sûre. L'inquiétude devant les changements, la précarité dans le travail et la vie privée induisent un repli sur soi. On prend refuge dans sa vie privée, sa famille et ses amis, parce qu'on n'a plus aucune confiance dans les institutions. Dans ces conditions, pourquoi s'engager ? Quelle cause en vaut la peine ? D'ail-

1. Chantal Delsol, *L'Autorité*, PUF, « Que sais-je ? », 1994.
2. Signataires d'un appel du mouvement Jonas, publié en octobre 2000, cité par *L'Express* du 24 mai 2001.

leurs, tous les messages que nous recevons, fictions, publicités, discours politiques, nous disent que nous sommes formidables à titre individuel, que nous avons le droit d'être différents, et que c'est ainsi que nous allons réussir, être efficaces, compétents, performants, brillants. Ce sont des mensonges, nous le savons, mais nous faisons « comme si ».

C'est mon droit

Par nature, les êtres humains fuient la souffrance et recherchent le bonheur. Longtemps, il ne fut pas de ce monde, et la religion le promettait pour plus tard. Aujourd'hui, les paradis doivent être terrestres et instantanés. C'est un dû, décrit par Pascal Bruckner dans *L'Euphorie perpétuelle* : « Nul n'est jamais assez aimé, gratifié, récompensé. Comme la mort pour le christianisme était le salaire du péché, le bonheur pour nous devrait être le salaire de l'existence, cette manne équitablement reversée à chacun pour le remercier d'être né. » Notre répulsion individuelle pour la souffrance est devenue collective. La société se bâtit autour de ce refus. En son nom, elle a accordé à tous des droits que chacun revendique.

Mais l'individualisme porte une contradiction irréconciliable ; d'un côté, il offre un monde impersonnel et anonyme, où règne le dogme du chacun pour soi, chacun ses problèmes, on ne connaît pas son voisin et c'est tant mieux. De l'autre, chacun veut être connu, reconnu, sortir de la masse ; c'est l'« impersonnelle personnalisation [1] ».

1. Alain Ehrenberg, *La Fatigue d'être soi, dépression et société*, Odile Jacob, 1998.

Traditionnellement, les pays capitalistes accordaient des droits civiques et politiques à leurs citoyens, tandis que les pays communistes se targuaient de garantir des droits sociaux et économiques. Désormais on veut tout et l'État est comme une mère poule avec ses enfants, « je les aime tous, je veux leur donner le maximum ». Pour compenser des inégalités trop marquées, il accorde des avantages juridiques – des droits – à ceux qui en sont victimes : suppression des limites d'âge pour l'accès aux emplois publics en faveur des mères de trois enfants et plus, ou des femmes célibataires ayant au moins un enfant à charge, mesures d'incitation à l'emploi des jeunes âgés de seize à vingt-cinq ans, emplois réservés pour les handicapés, statut fiscal de la Corse, institution de zones franches dans les secteurs géographiques défavorisés, etc.

Par ailleurs, les droits et déclarations affirmant la primauté de l'individu sur la société ont fleuri dans la seconde moitié du XXe siècle. Les droits des travailleurs, des femmes, des enfants, des minorités ont été reconnus. On a non seulement le droit d'avoir sa préférence sexuelle, mais le droit à *l'expression* de cette préférence. Depuis 1975, on a droit à une sexualité heureuse, comme le proclame la déclaration établie lors du premier congrès de sexologie à Paris. Le droit aux loisirs est aussi important que le droit à l'emploi. On a droit au logement, à la santé, à la sécurité. L'égalité est un droit (entre liberté et fraternité). Surtout, par-delà ces divers aspects, on a droit au bonheur (individuel, bien sûr, car les promesses de bonheur collectif ont fait long feu) : « Désormais, redoutable privilège, je me dois le bonheur autant qu'on me le doit », écrit Pascal Bruckner.

Message bien reçu par les publicitaires, qui font des promesses hyperboliques au nom des services publics ou des banques. EDF : « Nous vous devons plus que la lumière » ; France Télécom : « Ce sera toujours à nous d'en faire plus » ; SNCF : « À nous de vous faire préférer le train » ; Crédit Lyonnais : « Votre banque vous doit des comptes ».

En réalité, seuls les puissants, c'est-à-dire ceux qui ont accès aux médias et aux politiques, sont en mesure de faire respecter pour eux-mêmes la plupart de ces droits. Mais nous avons de la sympathie pour ceux qui revendiquent leurs droits spécifiques, comme les handicapés, les licenciés, les associations qui luttent contre le sida, et même les sans-logement, les sans-papiers, car cela nous conforte dans le sentiment que, désormais, personne ne se laisse plus faire, chacun peut trouver sa place, il n'y a décidément plus de quoi s'alarmer ou militer pour les autres, ils le font très bien tout seuls.

On ne parle plus guère, dans la vie quotidienne, de ces droits fondamentaux, aussi appelés droits de l'homme ; les droits ont basculé, du domaine politique dans celui du « droit commun ». Désormais, les droits qu'on revendique concernent des aspects bien plus triviaux de l'existence : l'apparence, le mode de vie, le langage et le comportement en société. On est passé du droit, garantie universelle applicable à tous, au choix, expression d'une liberté individuelle, non généralisable, comme l'atteste le succès de l'émission de télé « C'est mon choix », présentée comme une école de la tolérance.

Le droit à la fête est nouveau. Il va avec la démocratisation des loisirs, la société de consommation et la réduction du temps de travail ; on a plus de temps libre, le travail est moins sacré, et on revendique l'esprit « teuf ». Avant, on allait dans des lieux spécifiques pour cela, avec le risque de « se faire jeter ». Aujourd'hui, les raves s'installent ici et là, sans prévenir, sans autorisation, c'est aussi le droit à l'expropriation momentanée, s'indigne la presse conservatrice. Mais le débat n'oppose plus tant la gauche et la droite que jeunes et vieux, comme en témoigne la prise de position de certains jeunes élus de droite tels que Jean-Baptiste Lemoyne, benjamin des conseillers municipaux (DL) de la Ville de Paris : « C'est en interdisant les raves dans les années 94-95 qu'on a contribué à créer quelque chose de pire. Je ne suis pas un fana de rave, mais j'aime la musique électronique. Si rien n'est fait, on n'empêchera pas les organisateurs de *free parties* de prendre d'assaut certains bâtiments [1]. »

À titre individuel, le *désir* est un *besoin* reconnu, validé par les psys, par la société. Cela ne facilite guère la tâche des législateurs. La libéralisation de la vie privée rend la promulgation et l'application de règles de plus en plus difficiles. D'un côté, nous ne tolérons plus que les institutions s'immiscent dans nos vies pour nous prescrire quoi que ce soit, de l'autre, nous voulons des garanties, des réparations, des indemnisations.

La loi, si je veux

On ne s'est pas encore remis de l'autoritarisme et de la rigidité parfois cruels, souvent stupides, des institutions et de l'éducation à l'ancienne. Devenir

1. *Le Figaro*, 20 août 2001.

adulte, pendant des siècles, fut synonyme de « faire son devoir ». L'autorité n'a plus de majuscule, aucune institution ne la représente véritablement. Même avec une minuscule, elle paraît un peu suspecte, d'autant qu'on est plus éduqué, mieux informé. On ne nous la fait pas. Les règles se négocient, doivent être consensuelles, sous peine, pour ceux qui les édictent, de paraître « facho », « réac ».

Même les familles royales ont du mal avec leurs rejetons, qui n'obéissent plus aux protocoles et aux préceptes. Pourquoi les têtes couronnées devraient-elles se conformer à des principes rigides, respecter autant de contraintes, alors qu'elles n'ont rien de plus que les stars du show-business : l'argent et la célébrité ? C'était plus facile auparavant, quand les aristocrates étaient les seuls à détenir tous les avantages et les privilèges. S'il n'y a plus que des obligations pour les différencier, ce n'est pas drôle.

Le phénomène ne concerne pas que les grands de ce monde. La liste des devoirs se raccourcit pour tous. « Le devoir fait grave et sérieux », écrit Alain Etchegoyen [1], c'est pourquoi il est considéré comme superflu, démodé. De plus, il entraîne des responsabilités, ce qui n'incite pas à la légèreté : on parle du « poids des responsabilités ». Celles-ci demandent du courage, des sacrifices, des engagements, des choix, bref : que des complications. On préfère l'irresponsabilité, dans laquelle chacun se sent autorisé à faire « comme il le sent », sans se soucier du lendemain ni, parfois, des autres. On est à fond dans le principe de plaisir. « Oui, c'est de la paresse, et alors ? », ce slogan pour un service de livraison à domicile par Internet répond à toutes les attentes.

1. Alain Etchegoyen, *Le Temps des responsables*, Julliard, 1993.

On a le sentiment d'être seul au monde, c'est-à-dire de ne devoir rien à personne, de n'avoir de comptes à rendre à personne. Or, la responsabilité, c'est justement être capable de répondre de ses actes.

Pour s'assurer une tranquillité, on est catégorique : on sait mieux que les autres. « La créatine, je ne pense pas que ce soit nocif, même si certains spécialistes disent que oui », déclare Didier Deschamps chez Thierry Ardisson[1]. L'avis de chacun prime sur celui des experts, car on ne voit pas pourquoi on leur ferait confiance. Qu'est-ce qu'ils ont de plus que nous, ceux-là ? On accepte de moins en moins les contraintes, trop difficiles à assumer : un collègue peu commode, un licenciement, les enfants qui font des caprices (on cède ou on s'énerve), les parents qui critiquent (on fuit). Et c'est parfaitement justifié : la vie est tellement plus simple quand on fait comme s'il n'y avait pas de soucis. Les publicités s'en donnent à cœur joie pour nous dévergonder. Les sociétés de crédit à la consommation poussent au crime avec des annonces irrésistibles – et des poursuites implacables quand on n'arrive pas à payer. On s'en émeut : autant on veut que les produits, les services, les gens tiennent leurs promesses, autant nos propres engagements n'ont de valeur que dans l'instant. Après moi le déluge et *no future*.

La morale est à dimension variable : j'achète les produits ou des actions d'une société qui vend des armes ou qui fait travailler des enfants dans des conditions effroyables. Du moment que c'est moins cher ou que ça rapporte.

1. Sur France 2, samedi 7 juillet 2001.

La loi commune est vue comme l'ennemie de la liberté de chacun. On ne cesse d'en publier de nouvelles, destinées à mieux protéger les uns ou les autres contre des tiers, mais la loi ne peut plus être *dura lex, sed lex*, puisqu'elle est surabondante et modifiée régulièrement. La loi, quelle loi ? On s'en plaint, c'est pour cela qu'on ne les respecte pas, il y en a trop. Elle est inadaptée ; il n'y a donc aucune raison de s'y conformer. On n'a plus confiance dans la police, la justice. Il est donc parfaitement logique de se débrouiller, de faire ses petits arrangements avec la loi et éventuellement d'assurer son autodéfense. Mais on veut aussi toujours davantage de protections et de garanties...

On prend des cuites le samedi soir, et le volant dans la foulée. Si on tue quelqu'un, ce sera un homicide involontaire et cinq ans de prison au maximum. On conduit systématiquement à 20 km/h de plus qu'indiqué. Mais toutes les statistiques montrent que lorsqu'on annonce des radars et des caméras sur les routes, il y a moins de dépassements de vitesse. La peur du gendarme est celle, immature, du grand méchant loup. On brûle le feu rouge s'il ne sert à rien. On garde le portefeuille trouvé. On ne dit plus au commerçant qu'il s'est trompé en rendant la monnaie. On ne paye pas son ticket de bus, on triche sur les impôts. Je sais mieux qu'eux. C'est pour cela que je chasse le gibier d'eau en août, ou les tourterelles au printemps. On ne rembourse pas toujours ses dettes, il y a des assurances pour cela. On se « débrouille ».

On transgresse parce que c'est excitant et rigolo. Une pub anglaise pour une voiture invite à contourner la loi, « bend the rules » et proclame en guise de signature son « esprit d'indépendance ». Tout ce dont on rêvait à quinze ans... Pas étonnant que les *hackers* (pirates informatiques) fassent l'objet d'une ambivalente considération. Ce sont des délinquants, mais ils ont aussi du génie, ils sont brillants, on les recrute à prix d'or, une fois leur forfait plus ou moins payé à l'égard de la Société avec un grand S. On en a vu qui voulaient unir leurs talents pour combattre les vrais « méchants », à savoir les gouvernements cubain, chinois et islamiques qui interdisent certains accès à Internet. Ils ont mis au point une arme infaillible, des logiciels qui savent contourner les tabous électroniques. Les *hackers* en pourfendeurs du totalitarisme, en voilà une belle cause noble, un vrai engagement d'adulte. Même si leur programme informatique s'appelle « Peekabooty », que l'on peut traduire par « regarder par le trou de la serrure », et que ses auteurs signent en tant que « groupe d'opérations spéciales de la secte de la Vache morte ». La secte n'est pas nouvelle, c'est elle déjà qui avait mis au point l'« Orifice postérieur », un outil qui permet d'aller pirater les PC d'utilisateurs peu méfiants de Windows. La dérision est toujours au rendez-vous.

On fume quelques pétards, bravant l'interdit comme quand on était ado. Le sociologue Pierre Lembeye rappelle que ce n'est pas tant les drogues qui sont dangereuses que l'excès : « L'excès est dans l'homme, surtout lorsqu'il a une maturité d'adolescent [1]. » C'est peut-être pour cela qu'on est passé en France de cinq mille héroïnomanes en 1965 à deux cent mille en 1998. Depuis les années soixante, la

1. Pierre Lembeye, *op. cit.*

toxicomanie d'aristocrate ou de poète est devenue pharmacodépendance de masse.

Tous victimes !

Mais que fait le gouvernement ? se demande-t-on dès que s'installe une situation que nous ne maîtrisons pas. En 1986, des collaborateurs du journal satirique *Jalons* avaient défilé dans Paris en criant : « Hiver trop froid, Mitterrand coupable ! » Il n'y a plus de catastrophes naturelles, on recherche les négligences humaines. Il faut trouver les responsables, les coupables. La victimisation se porte bien.

Le coupable, par définition, c'est l'autre. Moi, j'ai des excuses, des circonstances atténuantes, et ce n'est donc jamais ma faute. J'ai eu un traumatisme, une enfance malheureuse, un enfant malade, un incendie dans ma maison, des parents âgés, un licenciement abusif, un divorce difficile. La société nous répète inlassablement que tout est possible à celui qui veut, que nous pouvons tout faire. Alors quand nous n'obtenons pas « tout », la réussite, les diplômes, l'emploi, l'argent, nous nous sentons trompés. Certains se vengent et sombrent dans la délinquance, d'autres dépriment, deviennent alcooliques ou dépendants de substances diverses.

On fait appel aux juges pour se venger du monde inquiétant et compliqué qui nous est offert. D'un côté, je ne ferai que ce avec quoi je suis d'accord ; de l'autre, rendez-moi justice, mon droit a été bafoué. On a des raisons de penser qu'on nous trompe, qu'on nous ment, qu'on nous fait faire des choses « à l'insu de notre plein gré ». C'est l'une des raisons du succès des médecines alternatives ; on a perdu confiance dans la médecine classique, pleine d'arrogance et de certitudes. On doute des choix thérapeutiques et on porte plainte au moindre problème. On veut être indemnisé contre les agissements des plus forts. On cherche les responsables. Quelqu'un doit payer. Du coup, la responsabilité devient l'« antichambre de la culpabilité », explique Alain Etchegoyen, pour qui « l'homme qui assure finalement, c'est celui qui s'est bien assuré[1] ». C'est dans les sociétés les plus individualistes du monde que le recours aux juges est le plus fréquent. L'individu « seul au monde » s'en réfère à des juges-papas pour remettre de l'ordre dans une société qui se comporte en rouleau compresseur.

Au Royaume-Uni, les avocats ont obtenu dans les années Thatcher le droit de faire leur publicité dans les journaux : « Vous avez été blessé au cours de ces dernières années, venez me voir, je vous obtiendrai des indemnités. » À Londres, des dockers qui avaient été exposés à l'amiante pendant des années sans avoir eu d'asbestose (le cancer donné par l'amiante) portent plainte pour trouble anxio-dépressif dû à la peur d'attraper la maladie. Fin 1999, trois cent cinquante soldats britanniques attaquent le ministère de la Défense pour trouble post-traumatique ; le ministère ne les aurait pas préparés correctement au stress qu'ils allaient rencontrer lors des guerres – des Malouines, du Golfe, en Irlande du Nord et en Bosnie –, et il n'aurait rien prévu pour les aider à s'en remettre ensuite.

Les métiers liés aux services de secours ou d'urgence, qui consistent essentiellement à faire face à

1. Alain Etchegoyen, *op. cit.*

des situations difficiles, finiront peut-être par être classés « expériences continuellement traumatisantes », pense Frank Furedi, sociologue à l'université de Kent à Canterbury[1]. Un policier retraité, qui était présent au stade de football de Hillsborough en 1989 quand quatre-vingt-seize supporters furent tués, a demandé réparation en 1999, pour stress post-traumatique apparu tardivement ; il a obtenu quatre cent mille livres d'indemnisation. Un autre policier a réclamé cinq cent soixante mille livres pour compenser le stress d'avoir été muté « sur le terrain », après des années passées derrière un bureau.

Il nous faut des pères et des mères de substitution à tout âge. Désormais, dès que survient une catastrophe, naturelle ou humaine, des psys sont dépêchés. C'est un dû : « Nous n'aurons rien à faire cet après-midi. Mais si nous n'avions pas été là, la population aurait fait un scandale ! » murmure un psychiatre réquisitionné lors de l'évacuation du village de Vimy, dans le Nord-Pas-de-Calais, à la suite de la découverte d'armes chimiques datant de la Première Guerre mondiale[2]. Dans ce monde instable et profondément inquiétant, beaucoup n'ont pas la force, l'équipement psychique pour faire face. Ils rêvent qu'une bonne fée vienne effacer tous leurs soucis, ou aimeraient avoir une épée, une arme magique pour le faire eux-mêmes. Ou une touche *reset* pour repartir de zéro. Comme dans les jeux, comme dans les films, comme dans les bandes dessinées.

1. *Time*, 7 mai 2001.
2. *Le Nouvel Observateur*, 17-23 mai 2001.

Responsables des inondations, de la pollution, de la violence, du chômage, le gouvernement, les institutions et la « société » le sont aussi pour l'éducation des enfants, la bonne santé des citoyens et le bonheur de tous. Ils doivent « assurer » dans tous les sens du terme en cas de défaillance. En France, un enfant né handicapé obtient dédommagement (arrêt « Nicolas Perruche » du 17 novembre 2000). Le médecin n'avait pas détecté une rubéole ; l'enfant n'aurait pas dû exister. Après un débat qui a fait rage au long de l'année 2001, la décision judiciaire est finalement annulée. Mais ce qui nous guette, c'est le règne de l'enfant garanti zéro défaut. On passe sous silence les cas où des parents adoptants souhaitent « retourner » l'enfant qu'ils ont adopté, tout mignon, sage comme une image, parce que, finalement, il a mauvais caractère. On refuse de supporter toutes ces souffrances, alors que la société a les moyens de faire que ces malheurs n'existent pas. De plus en plus, chacun se comporte comme l'enfant qui se bouche les oreilles quand il en a marre d'entendre des choses désagréables ou effrayantes.

Mon capital, ma santé

L'homme d'aujourd'hui fonctionne comme une entité autonome dotée d'atouts considérables : la santé, l'instruction, le pouvoir d'achat, un patrimoine (familial ou bien éducatif), un capital temps, et un accès à l'information. Il n'y a plus aucune raison de se contenter de son sort, chacun peut prétendre le changer.

Cette société de performance génère de plus en plus d'attitudes dopantes. Les drogues licites et illicites sont partout ; elles promettent de nous rendre plus performants, moins angoissés, plus dynamiques, d'avoir moins de stress, plus de mémoire... Le dopage sexuel est valorisé. Vive le Viagra, qui rend les hommes si heureux ! « Il y a confusion entre bien-être et mieux faire », estime Isabelle Queval[1], professeur de philosophie à Évreux et chargée de la formation des futurs professeurs d'éducation physique et sportive à l'UFR Staps de Rouen. Les athlètes savent bien que l'entraînement et les dons ne suffisent plus pour être sûr d'être champion. Les performances doivent toujours aller plus loin, être plus spectaculaires, plus fortes, mais en matière de sport le dopage est très mal vu. C'est un délit, on s'en indigne. Le dopage se pratique largement aussi dans les prépas, et dans les métiers où il faut toujours être au mieux de sa forme, la pub, la com, la politique, le monde des affaires, et bien sûr, avec le glamour et le soufre en plus, dans le show-business. Là, c'est la loi du silence, on n'en parle que s'il y a mort d'homme (ou désintoxication médiatique).

Et pourtant, on a le goût de l'authenticité ; on mange « naturel ». Les dépenses d'aliments biologiques ont progressé d'environ 25 % par an depuis la fin des années quatre-vingt-dix ; on trouve désormais des rayons bio dans tous les supermarchés. On se rend religieusement au marché bio, ou bien on choisit, avec la réconfortante satisfaction d'être dans le droit chemin, l'étal bio sur le marché qui ne l'est pas. Car dans un monde flou, fourbe et fou, il faut aussi savoir contourner les pièges et les obstacles. Il s'agit en fait de retrouver sa place dans l'univers,

1. *Le Monde*, 3 juillet 2001.

cela fait partie de notre quête spirituelle moderne. Le progrès a-t-il été utile ? Les révélations sur l'alimentation industrielle laissent des doutes. On veut revenir à un état antérieur, à la nature (mère nature), qui n'est que douceur et bienfaits. Prenant au pied de la lettre le précepte de Voltaire, on se met à cultiver son jardin, dans des bacs, sur sa terrasse ou son balcon. Jamais les villes n'ont été aussi fleuries, feuillues.

On veut être en très bonne santé et cela coûte cher à la Sécurité sociale. On demande à chacun d'être responsable, de ne pas abuser, mais ce n'est guère dans l'air du temps. « Comment introduire une nécessaire responsabilisation des malades et des médecins de telle sorte que règnent l'équité et l'égalité des chances ? Comment concilier l'attention de plus en plus grande que les gens portent à leur santé et leur exigence croissante quant à l'équité ? » se demande Raymond Barre[1]. Qu'il se dénonce, celui qui a trop dépensé ! Nous, nous faisons comme d'habitude, nous consommons de plus en plus, parce que nous avons le temps et l'argent, mais aussi parce que nous le valons bien, comme le martèle le slogan d'une grande marque de cosmétiques. Ce « parce que je le vaux bien » a été exploité à saturation par tout ce que le show-business compte comme top-models et actrices en vue. Elles nous l'ont dit et redit, mais il a évolué en : « Parce que vous le valez bien. » Désormais, nous sommes invitées à faire partie du club des belles, des riches et des célèbres qui connaissent les secrets et les recettes de la séduction et du succès. Il ne nous reste qu'à les imiter ! « La société infantile-publicitaire où

1. *Le Figaro*, 29 juin 2001.

nous vivons s'attache à organiser le désir, à développer le désir dans des proportions inouïes, tout en maintenant la satisfaction dans le domaine de la sphère privée. Pour que la société fonctionne, pour que la compétition continue, il faut que le désir croisse, s'étende et dévore la vie des hommes », affirme Michel Houellebecq[1]. Alain Souchon l'avait chanté plus simplement : « On nous inflige/ Des désirs qui nous affligent. »

De nombreuses publicités jouent à fond sur le désir de faire partie d'un groupe de branchés, de *happy few* ou d'une grande communauté. « Déjà quatre millions de personnes l'ont essayé, qu'attendez-vous ? » « Faites partie de la communauté de tous ceux qui l'utilisent. » Mais ce n'est jamais suffisant, on veut acheter plus, avoir plus de loisirs, moins de contraintes, plus de confort. Le progrès est incessant, l'offre commerciale aussi. Comme l'enfant ravi dit « Encore ! », sans doute l'un des premiers mots qu'on apprend, l'adulescent veut toujours plus. Le « vouloir d'achat » est nettement plus élevé que le « pouvoir d'achat », mais on a des cartes de crédit pour faire le lien entre les deux. Et quand certains se retrouvent sur la paille, tout est prévu, puisqu'une Commission de surendettement se charge de « traiter » ces cas, souvent dramatiques.

À mort l'effort !

Toute société veut qu'on se conforme à son modèle. La nôtre prône la réussite individuelle et l'apparence du brillant. Seuls les mauvais élèves n'y

1. Michel Houellebecq, *op. cit.*

arrivent pas. Ce n'est pas faute d'outils. Investissements, capitaux, Bourse, nouvelle économie promettent des gains faramineux. Il faut faire de plus en plus d'argent, de plus en plus vite, tout, tout de suite, comme disait le slogan de Mai 68. Il faut donc réussir.

Pouvoir, argent et gloire, c'est à ces trois signes que l'on reconnaît l'homme ou la femme accomplis. Tout le monde en rêve ; on est prêt à tout pour y arriver. Plusieurs voies sont possibles : les études, le sport, ou n'importe quel métier où l'on peut être célèbre. Les études, c'est dur, surtout quand il faut avoir un job en parallèle pour se les payer ; et on n'est jamais complètement sûr du résultat. C'est comme le sport. Si le physique l'autorise, on peut faire mannequin, avec pour seul bagage sa plastique. Ou « lofteur » à la télé.

Dans les années quatre-vingt, le chef d'entreprise s'est érigé en modèle pour tous. Il n'avait plus rien à voir avec l'affreux patron d'industrie qui exploitait la classe ouvrière. C'était un sauveur, doué d'un talent magique : il créait des emplois. C'était l'époque où « gagneurs, sportifs, aventuriers et autres battants envahissent le paysage imaginaire français », rappelle Alain Ehrenberg[1]. En 1986, Bernard Tapie, qui se voit confier une émission en *prime-time* sur TF1, *Ambitions*, est l'incarnation de ce nouveau dieu. Il invite tout un chacun à suivre sa voie, celle de la réalisation de soi et de l'initiative individuelle. Dans cette soif de réussite, on retrouve les ingrédients du rêve ado de posséder une grosse moto qui permettrait de frimer auprès des copains et des filles.

1. Alain Ehrenberg, *op. cit.*

Cependant, plus les années passent, plus l'individualisme exacerbé par le système libéral montre sa face déplaisante ; dans les années quatre-vingt-dix, on découvre des chefs d'entreprise corrompus. Encore une idéologie et son idole qui partent à la poubelle. Ceux qui ont alterné périodes de travail et de chômage y ont perdu leur foi, surtout lorsqu'ils ont vu l'explosion de la productivité et des profits. Cette précarité a dévalorisé toute notion d'engagement envers un travail, une entreprise, ou même une responsabilité. On découvre qu'on n'est rien d'autre qu'un travailleur Kleenex, pris, utilisé, jeté.

C'est aussi la première fois dans l'histoire que l'on peut *survivre* sans forcément gagner sa vie à la sueur de son front. Le travail est désacralisé. Pourquoi travailler puisque cela ne rapporte pas beaucoup d'argent ? On préfère le loisir, qui est un droit. Le magazine *L'Expansion* de juillet-août 2001 donne des « bonnes idées d'été » à ses lecteurs. Parmi elles, « je quitte le bureau une heure plus tôt ». On prône l'équilibre vie professionnelle/vie privée. Les acharnés du travail sont des *has-been*, quasiment des bêtes de foire. Cegetel propose du *coaching* à certains de ses cadres afin qu'ils travaillent moins. De plus en plus de cadres repoussent des promotions qui signifieraient travailler plus et avoir davantage de soucis : « Quand la promotion se présente, le salarié soupèse les avantages et les inconvénients, et n'hésite plus à refuser », constatent Sandrine Foulon et Frédéric Rey[1]. Même les patrons veulent davantage de temps libre, ils ne considèrent pas seulement cette exigence comme une aspiration, mais comme un dû.

1. « Chef, moi, jamais ! » par Sandrine Foulon et Frédéric Rey, *Liaisons sociales*, juin 2001.

À partir du moment où la culture jeune est devenue dominante, il a fallu changer les règles et les référents. Le marketing du cinéma, de la musique, de la mode et des *soft drinks* a d'abord eu un peu de mal à suivre. Mais depuis les années quatre-vingt-dix, ces secteurs sont dirigés par des gens qui connaissent par cœur le nouveau mode de pensée puisqu'ils sont eux-mêmes des ex-jeunes grandis dans la poussée de cette société « jeune ». Aux États-Unis, les cadres des grandes entreprises de cinéma ont été marginaux dans les années soixante, « gagneurs » dans les années quatre-vingt ; ils sont aujourd'hui parfaitement dans le coup.

Les modèles ne sont plus les chercheurs, les explorateurs, les défenseurs de grandes causes, mais ceux qui détiennent fric, femmes, frime. On est fasciné par les images *glamour* de stars au bras des plus belles jeunes femmes, qu'on nous montre toujours en train de faire du shopping, les bras chargés de leurs achats signés des couturiers en vogue, ou participant à des soirées, à des cérémonies, à des fêtes pour VIP. Pourquoi se fatiguer à apprendre ? C'est un peu dépassé, le mouvement punk l'a enseigné à la génération née dans les années soixante. On chantait, on jouait de la guitare en se moquant de la technique des grands guitaristes des années soixante et en prétendant qu'en définitive tout le monde était capable d'en faire autant[1]. Andy Warhol avait fait pareillement quelques années plus tôt avec la peinture. La notion d'effort en devient limite réactionnaire. Des secteurs économiques cherchent de la main-d'œuvre, qu'ils ne trouvent plus que chez les

1. Dick Pountain et David Robins, *op. cit.*

immigrés. Même l'effort intellectuel est mal vu, considéré comme une forme d'oppression. On voit les traces laissées par Mai 68 dans la façon d'enseigner : « Apprendre est assimilé à une persécution, il faut aider les élèves à s'épanouir, non leur infliger d'abstraites connaissances », dit Pascal Bruckner[1].

On ne veut plus de hiérarchie. On est tous égaux. Coluche soulignait que « certains plus que d'autres ». Cette dérision nous fait rire, elle autorise les espoirs les plus fous. On aurait pu être patron à la place du patron. On n'a d'ordre à recevoir de personne. On ne veut pas de chef, encore moins si le travail est peu rémunéré, car on mérite mieux, et on a peut-être aussi des indemnités de chômage intéressantes. On voudrait un monde qui ressemble au Club Med, où le tutoiement a longtemps été obligatoire ; il n'y a toujours pas de frontière très définie entre le GO (gentil organisateur) et le GM (gentil membre), qui est un client pas tout à fait client. Un client-pote. Les hiérarchies y sont invisibles. Le terme même de « chef de village », utilisé dans ces clubs, évoque Assurancetourix. Il y a un chef, mais il n'est rien sans Astérix. Nous sommes tous les habitants du petit village gaulois et nous sommes des Astérix potentiels. Nous pourrions facilement renverser le chef, mais chacun est mieux dans son petit confort. Une pub pour une société d'intérim recommande : « Ne laissez pas les autres décider à votre place. » On a la liberté, des droits illimités, et la conviction que l'on *pourrait* être chef. Au rayon « business » des librairies, les titres des livres nous incitent clairement à la transgression : *Commencez par oublier le*

1. Pascal Bruckner, *op. cit.*

règlement ; Mille et une façons parfaitement légales d'obtenir ce que vous voulez, quand vous le voulez, à chaque fois ; Vous êtes doué et vous ne le savez pas ; Comment devenir le N° 1 ; N'obéissez plus ! L'individu y émerge tout-puissant, il peut désormais obtenir ce qu'il veut à condition de savoir s'y prendre. Cette croyance assez infantile reflète parfaitement l'univers moral et culturel des *sixties.*

L'ordinateur individuel a laminé lui aussi les hiérarchies, c'est une révolution contre le pouvoir central. Il donne accès à l'information, permet de travailler en réseau, la secrétaire voit son travail évoluer vers plus de responsabilités, c'est la fin des sténo-dactylos et des postes non qualifiés. Ce mode de travail a explosé depuis le début des années quatre-vingt, faisant la fortune des Bill Gates et des Michaël Dell. Dans ce domaine également la concurrence règne ; rien de plus *cool* que de dépasser tout le monde et d'être le plus malin de la bande.

La plupart des pionniers de l'ordinateur domestique n'ont rien à voir avec la vieille garde de l'industrie informatique. Steve Wozniak et Steve Jobs, les créateurs d'Apple, étaient des vétérans de la contre-culture. Jobs avait traversé l'Inde en autostop. Ils étaient des rebelles en lutte contre le monopole d'IBM, qu'ils considéraient comme un avatar de Big Brother. Le logo d'Apple en garde des traces, il symbolise la transgression primordiale avec sa pomme dans laquelle quelqu'un a croqué... Aujourd'hui encore, le slogan invite à penser différemment, « Think different ». La contre-culture a donc produit une nouvelle race de chefs d'entreprise. Des patrons *cools*, comme Richard Branson, Ben & Jerry (les glaces), Anita Roddick (The Body Shop)... Tous ont remporté de brillants succès dans leurs secteurs et se distinguent du patronat de papa, car le nouveau manager se doit d'être mieux que les autres : c'est souvent un athlète (car on a le culte du sport et du corps magnifié), et il est charismatique avec une touche décalée, parfois même il est en avance socialement et « éthiquement ». Il faut que cela se voie ou se sache. Bill Gates arrive en tenue sportwear à une réunion avec les actionnaires tandis que Steve Balmer, numéro deux de Microsoft, se présente l'année d'après devant la même assemblée hurlant son bonheur d'avoir aussi bien réussi ; il gambade sur la scène, improvise une danse primitive et se rue sur le micro en poussant des cris de joie. Branson fait le tour du monde en ballon, se déguise en membre de la police montée lors du vol inaugural Londres-Toronto de sa compagnie aérienne (et en Elvis Presley pour le Londres-Las Vegas). Le fondateur de Nouvelles Frontières, Jacques Maillot, qui s'est toujours réclamé de la contre-culture, déclare à *L'Expansion* : « Nous sommes comme les anars, toujours debout[1]. » Jean-Marie Messier, nettement plus jeune, aimerait bien avoir l'air lui aussi : il a commencé par perdre vingt kilos et se présente de plus en plus souvent à la presse sans cravate. Cet ex-premier de la classe a décidé de devenir moderne. Il a changé son vocabulaire et parle d'« une offre très *fun*, beaucoup plus *fun* que les autres » quand il annonce la mise en place d'un nouveau service de téléphonie mobile. « Si j'avais vingt ans de moins, je n'aurais qu'un seul mot : *cool*[2]. » Le temps qu'on lui

1. *L'Expansion*, 5-18 juillet 2001.
2. *Libération*, 28 août 2001.

apprenne que tout le monde peut le dire et il sera admis dans la caste des patrons *hype*.

D'ailleurs, souvenons-nous : on avait adoré le film *Le Cercle des poètes disparus*, de Peter Weir, en 1990, fondé sur le roman éponyme de N. H. Kleinbaum. À propos des anciens élèves de l'institut Welton, le charismatique professeur incarné par Robin Williams disait à ses étudiants : « À trop aduler la déesse toute-puissante de la réussite sociale, n'ont-ils pas trop bradé à vil prix leurs rêves d'enfants ? Dans quelles ornières, dans quelles mesquineries se sont embourbés leurs idéaux ? La plupart d'entre eux mangent aujourd'hui les pissenlits par la racine[1] ! » La morale de ce livre, *carpe diem*, « mets à profit le jour présent », que ta vie soit « extraordinaire ». Le comédien Michel Bouquet lui-même nous conseille : « Éclatez-vous ! Vivez mille vies[2] ! » La vraie vie est décidément trop fade.

Au risque de l'immaturité

> « Tout mouvement politique est fondé sur le kitsch, sur la volonté de séduire. »
>
> Milan Kundera, extrait d'un entretien avec Antoine de Gaudemar, février 1984.

Hier, le monde était clair, défini en deux camps. On se définissait par ses croyances religieuses et politiques. On était catholique, on n'épousait pas un

1. N. H. Kleinbaum, *Le Cercle des poètes disparus*, Édition° 1-Michel Lafon, 1990.
2. *Epok*, septembre 2001.

protestant. Encore moins un juif. Les musulmans étaient inconnus, l'islam était encore une religion exotique avec sa mythologie, ses harems, ses voiles, ses supplices abominables, ses mille et une nuits. En politique, tout était simple. On était républicain, mais dans les familles bourgeoises on avait la nostalgie d'une monarchie dont les valeurs ressemblaient tant à celles qu'on s'était forgées depuis la Révolution. On était de droite car on croyait à la grandeur de la France, à gauche si l'on croyait à la grandeur de tous les êtres humains.

Il régnait un ordre immuable avec valeurs inaltérables, qui vous fabriquait une société où chacun avait sa place. Les opposants tentaient bien de s'opposer, mais c'était une minorité et on savait les faire taire. On avait « une certaine idée de la France » et Napoléon pouvait encore susciter des débats enflammés. Les années d'après-guerre ont vu s'effondrer une à une toutes les idéologies, à commencer par le nazisme et le fascisme, qui offraient, « malgré tout », des sociétés parfaitement calibrées, où tout était contrôlé, une espèce de meilleur des mondes où rien ne dépasse.

La religion catholique avec ses interdits et ses foudres a perdu des plumes et des ouailles. Enfin, la chute du mur de Berlin a mis K-O tous ceux qui croyaient encore au communisme, qui se disaient qu'un idéal valait bien quelques contraintes, quelques travers. En économie comme en politique, les certitudes n'ont plus cours. C'est presque injuste, cet échec du communisme, qui a altéré le jeu politique et l'a rendu parfaitement inintéressant. La navigation à vue est désormais de rigueur et, avec elle, l'idée que le monde est flou. On préfère s'élever contre ceux qui détiennent les ficelles et nous en font voir de toutes les couleurs. Pour la peine, on n'ira pas voter. Cette tendance est née avec des hippies tendance libertaire, pour qui tous les politiciens de gauche et de droite étaient à mettre dans le même sac : tous des menteurs, des voleurs et des marchands de canons. Absolument pas *cools*. À la même époque, d'autres se sont ralliés aux grandes causes gauchistes comme le mouvement des droits civiques aux États-Unis, contre la guerre du Vietnam et l'impérialisme américain, mais la plupart considèrent aujourd'hui que le salut est une question individuelle plutôt que politique. Désormais, comme le souligne Bertrand Poirot-Delpech, ils doivent se conformer à l'idéal « exigé des hommes d'État comme du voisin de palier, du prof comme du dernier flirt : être vachement sympa sans vous prendre la tête[1] ».

Politique et abstention

À côté de quelques nouvelles radicalités (mouvements antimondialisation, antinucléaires, Act Up, Droit au logement), on assiste surtout à une nostalgie bon enfant autour d'Arlette, de Mai 68, d'un activisme dont beaucoup ont gardé un souvenir attendri. À bas la lourdeur, la gravité ! On les a trop vus, ces militants qui « semblaient mobilisés, transportés par une cause, leur vie en était comme alourdie de sens[2] ». Cependant, un peu de contestation reste rassurant pour les baby-boomers, qui sont plu-

1. *Le Monde*, 29 mai 2001.
2. Michel Houellebecq, *op. cit.*

tôt contents que ceux dont c'est le métier ou la vocation s'y collent à leur place.

La société est libérale, ce n'est pas véritablement un dogme, il n'y a pas de référence écrite pour placer des interdits et des limites. Tout compte fait, cela ne déplaît pas à l'adulescent, qui veut lui aussi trouver sa place au soleil, avoir son quart d'heure de célébrité et faire son trou. Les cohabitations répétées ont appris aux hommes de pouvoir à surfer, et la population s'est habituée à les voir surfer. Par paresse et manque d'imagination, ils continuent à se battre sur des questions qui ne passionnent pas grand monde en s'appuyant sur des concepts dépassés. Les politiques ont à ce point cessé d'intéresser qu'un sondage CSA-*L'Expansion* de juin 2001 révèle que pour changer quelque chose dans le domaine politique et citoyen, 40 % des Français préféreraient militer dans une association, et seulement 7 % iraient s'inscrire à un parti politique. À moins peut-être d'y voir un intérêt à court terme. Faut-il s'inquiéter de ces gens qui ne se déterminent politiquement qu'en fonction de leur loisir favori ? s'interroge le magazine *Optimum*[1]. À quand le parti du roller ou des fans de Loana ? Certains nous voient bien partis dans cette direction : « L'adulescent refuse toute forme de dialogue élaboré et fuit le débat. Dépolitisé, peu cultivé, utilitariste et consumériste, il n'est pas doué d'une vie intérieure très intense[2]. »

L'abstention aux élections ne cesse d'augmenter. Il n'y a même pas cinquante ans que nos mères et

1. *Optimum*, juin-juillet 2001.
2. Lu sur le site Internet www.fluctuat.net.

nos grand-mères ont obtenu ce droit, qui reste refusé à une grande partie des humains sur la planète. Mais si on ne va pas voter, c'est parce qu'on ne s'intéresse pas, parce qu'ils sont tous pourris, parce qu'ils disent tous la même chose, parce qu'ils ne proposent rien d'enthousiasmant, rien de nouveau, et parce qu'on a mieux à faire. Ce n'est pas grave, la démocratie n'est pas en danger ! Plus baby que boomer, le baby-boomer est donc de préférence sans opinion politique, mais s'il est contraint de faire un choix, il ira naturellement se ranger du côté des plus libertaires, qu'ils soient de droite ou de gauche. Pour lui, rien n'a changé, CRS égale toujours SS. Il fuit ceux qui évoquent une quelconque régénération morale. Toujours partagé entre son refus du collectif et son exigence de prise en charge, il doit sans cesse se faufiler dans les interstices de cette démocratie qu'il méprise. Elle n'en reste pas moins une *valeur* très cotée, même si au quotidien elle n'a aucun intérêt.

Churchill disait qu'elle était « le pire système, à l'exception de tous les autres ». Désormais, le pire est partout car on donne son avis sur tout, et on « vote » partout : sondages, césars, molières, victoires de la musique, Miss France, prix littéraires et stars en herbe. Grâce à « Loft story », on a pu éliminer des candidats avant d'élire « les champions de la relation maximum, les individus attirant sur eux le plus d'unanimité », pas les plus performants, les plus doués, les plus compétents. Daniel Bougnoux se demande en outre si la prudence observée par les hommes politiques sur le premier jet de *real TV* ne serait pas due à cette dénaturation flagrante du suffrage universel : « Ils ont senti qu'ils ne pouvaient attaquer le loft sans critiquer le mécanisme démocratique qui les a eux-mêmes sélectionnés [1] ! »

Mais si Michel Maffesoli a raison, il en faudra beaucoup plus pour nous ramener dans le droit chemin des urnes. Le sociologue voit en effet un parallèle intéressant « entre l'impressionnante désaffection vis-à-vis du politique et l'engouement suscité par le ludique, multiforme, caractérisant la postmodernité [2] ».

L'affectif est entré en politique quelques années avant l'arrivée des femmes. Ce fut la génération « Tonton » et ses tontonmaniaques. Ce n'était plus l'autorité paternelle à la de Gaulle. Tonton, appellation enfantine, c'était presque l'oncle d'Amérique, qui donne tout ce qu'on veut, à commencer par du rêve. D'où la cruelle désillusion si l'oncle n'est pas tout à fait celui qu'on croyait.

Les fameuses valeurs féminines, qui paraît-il sont à la hausse, commencent à peine à émerger en politique, après des années de pouvoir exclusivement masculin. Des femmes dans les hémicycles et les conseils municipaux, cela fait neuf, c'est encore un peu exotique, et donc indispensable. On vote même des lois pour en voir plus. Quand quelques femmes deviennent ministres, elles jouent la carte « jeune ». Les magazines racontent qu'elles font des déjeuners « de copines » : « On rit beaucoup, c'est avant tout un moment de détente », dit Élisabeth Guigou.

Les hommes politiques, on les veut avant tout sympathiques et charismatiques. Le premier de cette race nouvelle fut John F. Kennedy, juste au début

1. Daniel Bougnoux, cité dans *Télérama*, 4 juillet 2001.
2. *Le Figaro*, 6 juillet 2001.

des années de contestation. Il était *cool*, jeune, décontracté, et en plus il faisait des frasques, ce petit coquin. Tellement plus sympa que la réalité, la guerre du Vietnam et la crise de Cuba, les liens avec la Mafia, les intérêts personnels. En France, la classe politique est loin de l'image *French lovers*, pas sexy pour deux sous. La Grande-Bretagne, en revanche, a Tony Blair, qui répond parfaitement aux nouveaux critères : « Un Premier ministre qui joue de la Fender Stratocaster et offre le thé à des pop-stars a conduit la presse à coller l'étiquette de *Cool Britannia* sur le gouvernement de Tony Blair », notent les auteurs de *L'Esprit « cool »*[1], qui soulignent que, dans les années soixante déjà, le Premier ministre travailliste Harold Wilson avait invité les Beatles à déjeuner. Depuis que Clinton est à la retraite, Blair est l'idole des bobos (bourgeois bohèmes) : « Son attitude décontractée, reposant sur un redoutable sourire, est la même que celle d'un monteur de start-up. » Il fait une politique de droite sous une étiquette de gauche et se fait donc, en toute logique, réélire avec le soutien des conservateurs.

Le consensus semblait une voie d'avenir : début 2001, Bill Clinton, lors d'un discours à l'université d'Oxford, affirmait que les solutions aux problèmes internationaux au XXIe siècle se feraient sur la base du « no-one loses » (personne n'est perdant). Il a bien sûr été chaleureusement applaudi. Les faits ont montré qu'il faudra encore attendre pour en arriver là.

1. Dick Pountain et David Robins, *op. cit.*

Polémiques et consensus

À l'heure des désillusions, de la désaffection et du repli sur soi, tout le monde cherche à adopter un air entendu, à montrer qu'il n'est pas dupe, à être détaché, cynique, je-m'en-foutiste.

Aujourd'hui, on aurait presque la nostalgie de ces affrontements qui divisaient les familles, les amis, les piliers de bar. Comme elle paraît loin, l'époque où l'on était pour la peine de mort, contre la guerre du Vietnam, pour l'impérialisme américain dernier rempart contre le communisme, contre le service militaire, pour l'avortement, contre les généraux grecs, chiliens, argentins, pour les réfugiés vietnamiens, contre la révolution nicaraguayenne, avec Solidarnosc. Une époque où le monde était en branle-bas, tout semblait perfectible, réparable. On croyait que l'Histoire avait un sens, et que celui-ci allait inéluctablement dans celui du progrès.

On est revenu de tout. C'était bien la peine de se battre autant, de faire couler tant de sang. Il n'y a plus d'autre solution pour les politiques au pouvoir que de prendre des mesures « mitoyennes », ni trop à droite ni trop à gauche, contre les grands problèmes, de peur de choquer leur public, leurs électeurs et leur image d'eux-mêmes. L'engagement (depuis SOS-Racisme jusqu'au soutien aux sans-papiers) est plus passionnel que réfléchi, plus consensuel et pétri de bonnes intentions que réellement contestataire et polémique. Il permet aussi de se retrouver dans une lutte commune contre un méchant clairement défini, mais malheureusement rarement identifié. Qui est le chef de la mondialisation ? Montrez-le-moi, que je brûle son effigie ! À défaut, on brûle des McDo. Comme tout rassemblement, il satisfait grandement les pulsions grégaires et primaires, au risque d'oublier les motifs initiaux. Où est le grand chef ou le père qui pourrait remettre dans le droit chemin de ce qu'il faut penser ?

Tout le monde se lamente sur la « pensée unique », qui n'est pas la même pour *Libé* ou pour *Le Figaro*. Pour ce quotidien et ses lecteurs, tous ceux qui ne pensent pas dans la ligne éditoriale du journal font de la « pensée unique », mais, à l'autre bout, les militants du mouvement Attac disent qu'eux aussi refusent les dogmes, le prêt-à-penser, les allant-de soi de la pensée dominante. Le mouvement antimondialisation regroupe des « jeunes » de vingt à soixante-cinq ans qui veulent un monde « plus humain ». L'absence de hiérarchie, en accord avec l'esprit de 1968, en est l'une des caractéristiques : « Ils coordonnent leurs actions "de manière horizontale" grâce à Internet et développent des systèmes d'information alternatifs », écrit un journaliste effrayé du *Figaro*[1]. La société est policée, ultraconformiste, mais de façon plus sournoise ; les libertés semblent plus grandes, elles se sont élargies à la vie privée, mais attention à ne pas être trop nombreux à penser à côté de là où on nous dit de faire !

Un consensus global et théorique s'est élevé autour de quelques valeurs standard : solidarité, métissage, tolérance, fraternité. Ce ne sont que des mots la plupart du temps, mais ils remplissent les chartes qui fleurissent un peu partout. C'est « de l'éthique sur papier glacé exprimée avec un degré de généralité confondant », estime Jean-Pierre Le Goff,

1. *Le Figaro économie*, 25 et 26 août 2001.

philosophe et sociologue[1]. Des déclarations de bonnes intentions. On est pour la sauvegarde des baleines et encore plus des dauphins, et pour l'indépendance du Tibet, qui a un chef d'État si charismatique et souriant. On met des rubans aux boutonnières pour montrer qu'on est « contre » le sida, le cancer du sein, la maltraitance des enfants, la violence routière, la lèpre, la déforestation. On boycotte telle ou telle entreprise parce qu'elle se conduit mal ; ces boycotts ont une durée de vie très limitée et des fondements qu'il faudrait vérifier, mais là n'est pas la question. Il s'agit plus d'une éthique « Canada dry » qui en a la couleur, l'apparence et le goût, mais pas la pertinence.

Pour Jean-Pierre Le Goff, l'éthique, c'est comme la confiture, moins on en a, plus on l'étale[2] ; elle ressemble davantage à des idéaux adolescents préformatés qui fonctionnent auprès d'un public qui réfléchit peu et avale tout. C'est mièvre, mais c'est beau. Il y a même des patrons qui militent dans ce sens. Par exemple, nous aspirons tous, nous dit Jean-Marie Messier, à la diversité culturelle. « *Culture exception* ? Non, parce que l'exception exclut, et que l'exclusion est antinomique avec la culture. *Culture domination* ? Non, parce que la culture porte mal l'uniforme et ne se laisse pas enrégimenter[3]. » On peut se rendormir rassuré. À ceux qui proclament que le monde n'est pas une marchandise, J6M[4] répond : « La culture n'est pas un

1. *Challenges*, mai 2001.
2. *Ibid.*
3. *Le Monde*, 10 avril 2001.
4. « Jean-Marie Messier Moi-Même Maître du Monde ».

“produit” comme les autres. » On vous l’a dit : dormez tranquilles.

On se réfère aux valeurs de 68, qui sont si jolies. L’écologie, c’est bien. Deux ou trois mesurettes font l’affaire, pourvu que cela ne dérange pas trop. La subversivité se vend bien. Naomi Klein explique à *Technikart* que son *No logo*, « best-seller anticapitaliste », « a marché parce qu’il jette un pont entre la pop culture et l’économie la plus austère. On peut être engagé et avoir le sens du jeu [1] ».

On s’enthousiasme pour une nouveauté solitaire et ingrate, qui nous promet un monde solidaire et meilleur : Internet serait l’incarnation de l’instinct grégaire de l’homme moderne. Seul mais avec tout le monde. Les pubs pour Internet nous annoncent des lendemains qui chantent, des hommes qui se serrent les coudes, tous les gars du monde chantant à l’infini et se répondant sur un même bit. On y refait le monde, on signe des pétitions. Les nouvelles technologies veulent nous faire croire qu’elles vont enfin réaliser le rêve impossible : allier la réussite spirituelle et financière. On aimerait croire que c’est le nouveau Graal, la démocratie planétaire réalisée.

Enthousiasmes et indignations

Un proverbe dit que si l’on ne se mobilise pas pour quelque chose, on s’enthousiasmera pour n’importe quoi.

La télévision est le nouveau péché que tout le monde commet dans le secret de son chez-soi, bien qu’on sache que c’est très mal. On se fait une opi-

1. Naomi Klein, *No logo, la tyrannie des marques*, Actes Sud, 2001. Interview à *Technikart*, août 2001.

nion au vu d'images choisies et commentées subjectivement dans l'instant. On ne peut prendre aucun recul, d'autres images, d'autres informations, parfois contradictoires, arrivent déjà. Cloué à son fauteuil, l'adulescent reçoit une avalanche d'informations effroyables sans pouvoir réagir. Il accumule cette violence déchaînée et doit se secouer pour continuer à agir. « Je n'y peux rien, ils sont vraiment fous, où va-t-on ? », ses réflexions ne peuvent guère aller plus loin. Personne n'a de réponse à lui donner. On en reste au premier degré, au choc. Pris dans l'avalanche, on subit au lieu de penser. On réagit plus qu'on ne prend le temps de réfléchir, comme des ados saisis de frayeur devant des informations angoissantes, et d'euphorie devant des annonces heureuses.

Les causes humanitaires font moins rêver depuis que le monde se complique et que les méchants ne sont pas forcément là où on le pensait. Et puis cela ne marche pas comme cela devrait, il arrive que les dates et lieux de charité soient mal choisis, ou que les moyens mis en œuvre ne soient pas les bons. Ainsi, les grands concerts pour l'Éthiopie ont subventionné la déportation des populations qu'ils devaient aider à nourrir. Certains râlent : on s'est senti tellement bien en le faisant, alors pourquoi voulez-vous casser mon rêve, mon idéal d'un monde meilleur ?

Les enthousiasmes collectifs sont énormes, irréfléchis, sans lendemain. Le culte lié au football réinvente les grands rassemblements religieux avec ses grands prêtres (Zidane, Barthez, Pires, Petit), ses célébrations (coupes du monde, coupes d'Europe) et ses intégristes (*hooligans*). Le pape est une star médiatique qui rassemble des jeunes dans les stades et les esplanades. Cela ne s'était jamais vu. Les plus de quarante ans regardent ce renouveau avec incrédulité. Alain Finkielkraut n'est pas très charitable envers les voyages et les rassemblements de Jean-Paul II qui attirent des centaines de milliers de jeunes : « Ils en mettent plein la vue, et parfois les oreilles, mais ne véhiculent aucun message durable[1]. » Mais on y trouve aussi des quinquas qui n'ont jamais fait de révolution et n'ont jamais rien remis en question. Ils l'ont enfin, leur vaste mouvement collectif, ils trouvent ces ralliements « formidables » et s'extasient : « On était tous ensemble, c'était tellement beau. » C'est Woodstock chez les bien-pensants.

À défaut de modèles inspirants, on aime ceux qui nous parlent « simple », qui ne nous prennent pas la tête. Bernard Tapie, par exemple. On écarte toutes les embrouilles et les entourloupes, et on garde le côté culbuto, jamais rien ne le renverse ni ne l'arrête. Quel héros ! Il vous galvaniserait un stade entier à lui tout seul. Des amnésiques le font revenir à l'OM, car avec lui on gagnait (peu importe le prix) et cela regonflait le moral. Il revient, on s'indigne, on oublie. S'il se présentait, il serait peut-être même élu à la mairie de Marseille. C'est le principe de l'amnistie. On efface tout, on annule, « pomme Z ».

On s'affole, on se révolte, on s'indigne contre un monde devenu plus grand que nous. Le sang est contaminé et on nous le transfuse, l'amiante est toxique, mais on laisse des gens travailler là où il y

1. Alain Finkielkraut, *op. cit.*

en a, l'alimentation est dangereuse, les nappes phréatiques sont polluées, des promoteurs vénaux font brûler nos belles forêts, la politique fait des affaires, Jospin est un affreux crypto-trotskiste, Chirac se fait payer des billets d'avion avec l'argent du contribuable, on achève bien les vaches, on retire brutalement des médicaments largement diffusés, des docteurs abusent[1] et promettent des miracles monstrueux. Quand un général en retraite vient raconter ses immondes prouesses de jeunesse, on trouve cela d'autant plus révoltant qu'il est vieux et laid.

On nous aurait donc menti ? C'est l'ère du soupçon, de la rumeur, du doute généralisé. Il y a souvent du vrai, mais on ne cherche pas à avoir toutes les informations, car on est trop occupé à douter, à s'indigner, à protester. Ce moment de remise en question où les masques tombent, où les certitudes s'effondrent, c'est l'adolescence. C'est aussi l'âge où l'on est prêt à adopter collectivement des opinions primaires.

Et quand on retrouve des écrits datant de 1975 de Daniel Cohn-Bendit où il raconte qu'il avait été troublé par les paroles et les gestes d'une enfant de quatre ans, on crie au scandale, à l'ignominie. Surtout, ne pas réfléchir. Il n'y a pas d'acte de pédophilie, mais l'évocation du tabou suffit à en faire une abomination publique ; le révolutionnaire d'hier a associé braguette et enfant, c'est donc de la pédophilie ! Celle-ci est devenue le mal absolu, et c'est

1. Il faut rendre à *Libé* (8 août 2001) son jeu de mots à propos du Dr Severino Antinori, roi des coups médiatiques en matière de maternités tardives ou d'annonce de clonage.

aussi un excellent sujet pour remplir les premières pages des journaux.

Les sectes sont l'autre grande peur. Tel un étendard brandi contre l'ennemi, le terme fascine et terrorise la foule. On ne cherche pas à savoir s'il s'agit d'une douce déviance ou d'une arnaque organisée. On s'indigne, on conspue, ou condamne sans connaître. Mais on s'emballe tout aussi collectivement pour le bouddhisme et sa nouvelle idole en robe qui rassure à bas prix les âmes en peine.

On n'est décidément pas très adulte. « Sous des allures rationnelles et modernistes, notre façon quotidienne d'agir et de sentir est imprégnée d'attitudes magiques qui n'ont finalement rien à envier à la croyance dans les anciens fétiches ! » constate Serge Tisseron [1]. Mais on clame partout que l'on est rationnel. À un certain âge aussi, proclamer qu'on ne croit plus au Père Noël est le meilleur moyen de montrer qu'on est devenu grand. Et cela vous pose son petit bonhomme aux yeux de toute la classe.

C'est sûr, notre époque est formidable, dans tous les sens du mot. C'est certainement un tournant majeur sinon de l'humanité, du moins des sociétés industrielles. Les individus s'y autonomisent, volontairement ou pas. Il est difficile de continuer à avoir confiance dans un État, certes nourricier, mais privé de ses sens (sourd, aveugle, insensible), « y compris le bon », dit Didier Anzieu. Depuis le début de l'humanité, l'individu n'était rien sans le groupe. Aujourd'hui, le groupe lasse. On se croit indépendant, c'est le credo de toute crise d'adolescence. L'humanité est jeune au regard de la planète – et de

1. Serge Tisseron, *op. cit.*

l'univers. Elle vient tout juste d'apprendre à parler, pas encore tout à fait à réfléchir. Et pour l'heure, nos comportements immatures, dans la vie et dans nos relations, sont plus souvent douloureux qu'agréables.

Chapitre 6

Le temps des paradoxes

En France, un adulte sur trois a plus de soixante ans. La population n'a jamais été aussi massivement vieille, mais chacun essaie de se conformer à un mode de vie « jeune ». Le jeunisme pourrait être le meilleur signe de reconnaissance des sociétés vieillissantes. Être jeune, c'est forcément être heureux. À côté des droits acquis à la fin du XXe siècle figure le devoir de bonheur, une sorte d'idéologie de l'euphorie forcenée, qui exclut ceux qui ne s'y conforment pas.

Quelques décennies ont mis à bas ce que des siècles avaient construit, entretenu et préservé. Ce principe de continuité, sinon d'immobilisme, a été mis à mal par une jeunesse née de la guerre. Ce qui n'aurait dû être qu'un remue-ménage de quelques années, le temps que jeunesse se passe, se prolonge.

Les signes de reconnaissance de la maturité ont changé. Mais aussi l'âge auquel un individu doit répondre à cette nouvelle norme. Y a-t-il un âge pour être adulte ? À propos de son roman très fleur bleue *Et monter lentement dans un immense amour...*, Katherine Pancol, la cinquantaine, explique à *Elle* : « J'avais envie de sortir du réel. Je n'en peux plus du réel. La vie est difficile, les rapports avec les autres sont de plus en plus durs, les gens n'ont plus le temps de s'aimer. Je sais bien que l'histoire que je raconte n'existe pas, et pourtant, je me réveille le matin en me disant que ça va m'arriver [1]. » On croit encore et plus que jamais aux contes de fées. On pratique assidûment la « pensée magique ». On s'attache à retrouver l'enfant qui gît en nous, on s'enfuit dans des mondes imaginaires et envoûtants, des fêtes inoubliables, des loisirs formidables, des activités virtuelles redoutables.

La « boboisie »

> « La maladie de l'adolescence est de ne pas savoir ce que l'on veut et de le vouloir cependant à tout prix. »
>
> PHILIPPE SOLLERS, *Le Défi*.

Les désillusions de la seconde moitié du XXe siècle ont donné naissance à de nouvelles priorités. On a envie de douceur, comme quand on était petit, et de transgression comme quand on était jeune. On revendique sa liberté et son indépendance, comme quand on avait quinze ans. C'est typique de l'individu contemporain, décrit par Bruckner : « Soucieux jusqu'à l'excès de son indépendance mais qui réclame en même temps soin et assistance, qui entend combiner la double figure du dissident et du

1. *Elle*, 9 avril 2001. Le roman a paru chez Albin Michel en 2001.

poupon, parler le double langage du non-conformisme et de la demande insatiable[1]. »

Le marketing, la publicité, les sondages ont pris un essor formidable. Ils visent à créer des consommateurs irresponsables, dont les comportements seraient fondés seulement sur les pulsions, les envies, les désirs et l'immédiateté. Nous achetons pour correspondre à l'image que la pub nous renvoie, plus que pour les caractéristiques factuelles du produit. Consommation davantage fondée sur des critères subjectifs, voire symboliques, de séduction.

Les plaisirs aussi doivent être forts, inédits et immédiats, dans la droite ligne des mots d'ordre de 68 : « Tout, tout de suite », « Vivre sans temps mort », « Jouir sans entraves ». L'ennui est l'ennemi mortel, « Mort à l'ennui ». Il a surgi alors qu'on ne s'y attendait pas ; on sortait tout juste d'un carcan moralisateur, et le voilà qui vient gêner notre plaisir et s'installe dans nos vies ; il se voit d'autant plus que désormais on a davantage de temps « pour soi ». Aussi se projette-t-on avec avidité sur ce qui est nouveau, branché, de peur d'avoir l'air vieux et ennuyeux. Dans un article au *Monde*, Milan Kundera fustigeait cette modernité qui devient toujours plus indispensable au fur et à mesure que l'on vieillit, « en tant que seul *substitut de la jeunesse*[2] ».

Cette quête se transforme en mode de vie et fabrique des « bobos », ces bourgeois bohèmes analysés par l'Américain David Brooks[3]. Un concentré

---

1. Pascal Bruckner, *La Tentation de l'innocence*, Grasset, 1995.
2. « Le dictionnaire intime de Milan Kundera », *Le Monde*, 4 juillet 2001.
3. David Brooks, *Bobos in paradise, the new upper class and how they got there*, Simon & Schuster, 2000.

de hippie et de yuppie, une nouvelle élite, fille de Woodstock et de la nouvelle économie. Le bobo achète bio, soutient les Tibétains, gère ses stock-options, se déplace en trottinette, en roller ou à vélo plutôt qu'en métro. Il est en avance sur toutes les tendances, les dernières modes qui glorifient l'individu roi et son apparence. *Le Figaro* a rencontré ce « pionnier, infatigable défricheur des terres vierges de nos inconscientes attentes[1] ». Il est dans le coup, « moderne », donc d'accord avec le *statu quo*, mais aussi « à la fois progressiste et conformiste, bien-pensant et révolté[2] ».

Le bobo est l'archétype de l'adulescent qui vit ses paradoxes sans inconfort apparent. Il a résolu l'équation impossible : concilier réussite matérielle et anticonformisme, luxe et humanitaire écologique, consommation et rébellion. Il a un bon boulot et vit *cool*, le portefeuille à droite, le cœur à gauche. On aurait pu croire qu'il s'agissait d'une dissidence. Erreur, le bobo incarne l'esprit de l'époque, avec une éthique et des étiquettes par-dessus. Il dit préférer la culture et la richesse intérieure à toute forme d'accumulation, car il vaut mieux être un « paria majestueux qu'un minable plein d'argent[3] », mais il donne à fond dans la consommation, puisqu'elle peut désormais jouer en faveur d'un « changement social positif[4] ». Le bobo vit cette ambivalence au quotidien dans le moindre de ses achats. C'est un être de conciliation, qui navigue entre des valeurs bourgeoises de productivité et de rigueur, et des

1. *Le Figaro*, 20 août 2001.
2. Milan Kundera, *op. cit.*
3. David Brooks, cité par *Le Nouvel Économiste*, 24 juillet 2001.
4. *Ibid.*

valeurs bohèmes de créativité et/ou de contestation. Il n'a pas la naïveté des doux rêveurs qui croyaient qu'ils allaient changer le monde. Il se contente de tirer son épingle du jeu. Finalement, Roland Barthes aurait fait un bon bobo quand il disait que son « premier rêve avouable serait de transporter dans une société socialiste certains des charmes (je ne dis pas des valeurs) de l'art de vivre bourgeois[1] ». Ce serait nouveau, donc forcément jeune.

L'obligation d'être original force à ne pas être comme les autres, encore moins s'il s'agit de vieux modèles (les adultes à l'ancienne). On affiche sa détestation de tout ce qui est « bourge », mais on reconstruit pierre à pierre de nouvelles valeurs statiques auxquelles il s'agit de ne pas déroger. C'est tout aussi codé, mais ça a le goût de l'authenticité puisque c'est neuf, inventé par moi ou ma génération. Et si tout cela ne suffit pas, on passe un cap, on tourne la page, on change de trottoir, et, comble de la modernité, on va s'installer à la campagne avec toute la petite famille. Ou bien on renonce à un métier lucratif mais tellement vain (la pub, bien souvent) pour exercer un métier qui « a du sens » (manuel, agricole, humanitaire, écolo ou présentateur à la télé), ou encore on prend une année sabbatique pour faire le tour du monde (comme cela se faisait déjà beaucoup dans les années quatre-vingt), construire une école au Guatemala, écrire un livre, défendre les éléphants en Tanzanie.

La mode ethnique procède de cette tendance « authentique et originale », teintée d'envie de générosité, « les pauvres aussi ont du talent ». Vive le

1. Roland Barthes, *Roland Barthes by Roland Barthes*, Seuil, 1975.

tiers-monde. Là-bas, il sont plus près de la nature, plus vrais. En portant leurs vêtements, je suis citoyen car je les fais vivre (au moins dans mon imagination) et je montre mon désir d'être frère avec ceux de ma planète. Si loin, si proches. La fraternité reste une valeur fondamentale ; elle est dans la Constitution, mais aussi dans le Nouveau Testament, c'est dire si elle rassemble du monde.

Cool attitude

L'un des mythes qui nourrissent le culte de la jeunesse, c'est celui de l'adolescence, l'âge de tous les possibles. « Nous sommes dans une société adolescentrique qui fait de l'enfant et de l'adolescent le prescripteur de la pensée et de la conduite des adultes. La publicité se charge d'induire et de nous formater à cette mode. Nous avons une vision idyllique de l'enfant et de l'adolescent qui nous fait croire qu'ils possèdent tout à l'intérieur d'eux pour se développer tout seuls[1] », écrit Tony Anatrella, psychanalyste et spécialiste de psychiatrie sociale. On rêve l'adolescence en âge heureux. On a l'air d'avoir un peu oublié ses grandes interrogations, ses désespoirs, son acné, ses passages à vide, ses angoisses. Nathalie Kuperman, quant à elle, se demande si l'adolescence insouciante n'est pas qu'un « fantasme d'adulte amnésique[2] ». Aucune importance, il faut être jeune. C'est l'ère de « l'être immédiat, toujours en forme, sans aucune ride[3] ». La hantise du « vieux » aiguise le triomphe de

1. *Le Figaro*, 27 juillet 2001.
2. Nathalie Kuperman, *Tu me trouves comment ?*, Gallimard, 2001.
3. Pierre Lembeye, *op. cit.*

l'« adolescent international » analysé par Philippe Adjutor, proviseur adjoint au lycée Camille-Guérin de Poitiers : « potache ou nymphette », cette figure vue sur toutes les télés du monde « est en passe de s'imposer comme un modèle unique et durable pour toutes les catégories d'âge[1] ». Grâce à lui, nous nous retrouvons tous à chanter : « We are the world, we are the children » ou à nous identifier à ce jeune homme libre et fier qui clame à la proue du bateau : « I am the king of the world ! » Moi aussi, j'y croyais. Avant.

On suit son *feeling*, comme les hippies le revendiquaient, prenant « hier » pour modèle. Isabelle Adjani, la quarantaine passée, déclare : « Je crois que j'ai envie, sans l'intellectualiser, d'être dans le moment présent d'une façon plus insouciante, plus légère ; un peu comme quand on est très jeune, à l'adolescence[2]. » On est *cool*, pas seulement dans son comportement, mais aussi dans sa façon de voir le monde. Les créateurs du magazine web *Ironie* se présentent ainsi : « Rien de nihiliste ne nous meut. Notre non est un oui. Rien ne nous anime plus que la jouissance maintenant. Notre temps mérite une critique radicale, cependant nous devons aussi en jouir... [...] "We few, we happy few ; we band of brothers." Nous jouons à saute-mouton avec les références. La fraîcheur vient d'une certaine immaturité adulte lucide contre une maturité infantile que nous tenterons de laminer par les mots[3]. » Dick Pountain et David Robins ont étudié de près le phé-

1. Article « L'Adolescent international », *in Dictionnaire critique de « la mondialisation »*, Le Pré aux Clercs, 2002.
2. Interview dans *Elle*, 21 mai 2001.
3. Numéro 38 de janvier 1999, sur www.dieu-associes.fr/ironie.

nomène *cool*. Ils le voient « comme un état *permanent* de rébellion *personnelle*. Permanent parce que le cool ne se réduit pas à une phase que nous devons traverser et dont nous sortons avec l'âge ; il s'agit plutôt d'un état qui, une fois atteint, durera toute la vie. Personnelle parce que le cool n'est pas une réponse politique collective, mais une attitude de défi individuel ; il ne se revendique pas en hurlant des slogans mais se cache sous le masque impassible de l'ironie[1] ». Cette ironie *cool* caractérise notre mode de communication. Être « bon » au sens de « bonté » sonne lamentablement ringard, tandis qu'être *cool* donne l'impression qu'on a su rester jeune.

Quand on est *cool*, on a bien le droit de changer d'avis et d'envie. Les pubs, qui aiment titiller nos aspirations inconscientes, nous y encouragent. Ici, un téléphone nous conseille de « changer ». Là, une voiture offre vingt-sept façons de passer de une à sept places en quelques secondes ; elle « change aussi vite que vous changez d'envies ». Changer d'envie, c'est parfois aussi changer de vie : « Un jour je me suis demandé si j'aimais ce que je faisais. La réponse a été non. J'ai tout lâché pour la techno », explique Yannick, bientôt trente ans[2]. Dans un monde mouvant, où l'on va changer d'employeurs, de sociétés, de métiers plusieurs fois, où l'on a presque une chance sur deux de changer aussi de conjoint, on finit par se poser les mêmes questions que les adolescents : « Qui suis-je dans tout ça ? » On se cherche, on aimerait se trouver, et ce sera

1. Dick Pountain et David Robins, *op. cit.*
2. *Le Monde*, 16 juin 2001.

d'autant plus difficile que l'on va traverser des époques différentes dans sa vie et que cette identité va varier. Selon une étude menée par le magasin Le Printemps, 65 % des moins de trente-cinq ans disent « faire du shopping pour affirmer leur personnalité [1] ». D'où la signature de la maison : « Inventez-vous ! » Les vêtements Aigle promettent au chaland un « voyage au bout de soi-même ». Lacoste, uniforme du dimanche du quinqua qui a réussi, mise sur les personnalités qui se cherchent : « Deviens ce que tu es », avec un tutoiement qui fleure bon les années soixante-dix.

Les parcs de loisirs se sont développés à partir des années soixante. En 2000, plus de la moitié des Français en avaient déjà visité un, avec ou sans enfant ; un visiteur de Disneyland Paris sur quatre vient sans enfant. Les parents également ont besoin de rêve, d'aventure, d'amusement, de retour en enfance, mais aussi de sécurité, face à des situations très risquées. On est là pour se faire peur, d'où le succès des attractions qui vous donnent des sensations intenses : *Retour vers le futur*, *E.T.*, *Les Dents de la mer*, *Space Mountain* ou *Jurassic Park*. « Cet engouement traduit le besoin d'un monde plus lisse, où l'on peut éprouver des sensations fortes mais sans risque, et dans lequel on est pris par la main, dit Gérard Mermet. Il témoigne d'un certain mal-être par rapport au monde réel et à la condition d'adulte, qui doit prendre des décisions et gérer sa vie. Le parc est en effet un moyen de retourner à l'univers ludique de l'enfance [2]. »

1. *Le Nouvel Économiste*, 24 juillet 2001.
2. Gérard Mermet, *op. cit.*

Mais les parcs ne suffisent plus. En août 2001, le magazine d'Air France propose un reportage sur les restaurants à thème, qui se multiplient depuis une dizaine d'années aux États-Unis. Leur succès est dû aux parents, qui font partie des « nombreux adultes [qui] adoptent la *kid attitude*, se projetant volontiers dans les univers imaginaires et jouant avec les grands mythes américains pour mieux se rapprocher de leurs rejetons et renouer les liens familiaux ». Tout est fait pour qu'on s'y croie à fond. Au choix, le restau ambiance sous-marin, forêt équatoriale ou Atlantide. L'adulte en mal de sensations peut aussi emmener sa petite famille dîner dans le vaisseau *Enterprise* de Star Trek (avec visite « inopinée » de Quark, l'un des extraterrestres de la série culte des quadras), sur la planète Mars (avec serveurs martiens), dans l'antre secret de Jules César, ambiance péplum et centurions garantis, à Venise, ou même dans un Paris des années vingt. On y gagne du dépaysement, de l'exotisme, et l'air d'un grand aventurier devant les enfants ébahis et reconnaissants. Sauf quand les enfants trouvent tout cela un peu nul et que seuls les parents s'extasient et en redemandent.

La fureur de vivre

Pas facile de revendiquer son identité quand il faut aussi être sûr d'être accepté par le groupe. De cette double exigence naissent une tension intérieure et des frustrations, qui elles-mêmes produisent des comportements d'agressivité, contre soi (exigences écrasantes, suicides) et contre les autres, à la maison, au travail, en voiture... Pour se sentir existter ou pour s'affirmer, on prend des risques. Ou on a envie d'en prendre.

Certains produits de pur *cocooning* n'hésitent pas à flatter cette fibre chez le consommateur bobo, en ajoutant quelques ingrédients indispensables pour que la sauce prenne. Un lecteur DVD *home cinéma* lance une petite annonce de rêve : « Recherche candidats pour voyage dans l'espace. Imprévus et émotions garantis. Quoi qu'il arrive, être de retour à temps pour aller chercher les enfants à l'école. En tant que commandant de bord, vous devrez explorer l'univers du numérique... » C'est tellement gentil, qu'on nous interpelle, sur le mode mamie Nova, merci-qui : « Qui vous fait voyager dans le monde de l'infiniment beau, où et quand vous voulez ? » J'en sais rien, mais des choses infiniment belles, où je veux, quand je veux, c'est exactement ce que recherchent les ados, avec, en prime ici, une belle évocation de *Mission impossible*, et de ses consignes qui ne laissent guère le droit à l'erreur. C'est tout juste si l'on ne nous dit pas que ce message s'autodétruira afin que nous puissions remplir nos obligations de parents. On aime cette sévérité « pour rire ». Un vrai cocktail de séduction pour appâter le plus de trente-cinq ans.

Une chose est sûre, la banalité tue. Les surréalistes déjà voulaient « réenchanter » le monde, mais les guerres ont cassé les espoirs. La relève du rêve a été assurée par les situationnistes des années soixante, qui prétendaient hausser la vie ordinaire sur les cimes, et par les étudiants de 68, qui avaient décidé qu'il allaient vivre leur vie à fond et sans contrainte. Aujourd'hui, ils ont grandi, mais veulent de la déraison, de l'extraordinaire. « Dépassez toutes les bornes ! » ordonne un fabricant de mobiles ; la pub montre un jeune quadra qui, à bord d'une trottinette, sort en trombe d'un écran de wap dernière génération, l'explosant au passage.

C'est la nouvelle religion de ceux que Pascal Bruckner appelle les « croisés de l'incandescence » : « S'il faut se libérer maintenant, c'est bien de cette quotidienneté qui nous empoisse ; et l'on oppose moins le péché à la grâce que l'ordinaire à l'exceptionnel [1]. » Dans *La Force du désir*, Willy Pasini parle de « ces personnes éternellement à la recherche de sensations exaltantes [qui] font sans cesse le plein d'adrénaline [2] ». On prend des risques, on bat des records, on joue en Bourse, on fait de la compétition ou on participe aux 24 heures du Mans à roller. « Simples bravades chez certains, les conduites à risque répondent chez d'autres au besoin irrépressible d'affronter la mort afin de surmonter leur difficulté à se situer dans la société », écrit le sociologue David Le Breton [3].

Si l'on est un véritable *sensation seeker* (chercheur de sensations), on pratique aussi des sports dangereux. Saut en élastique, deltaplane, escalade à mains nues, parachute, canyoning, trekking. Au moins, là, on se sent exister. Cette mise en danger volontaire concerne environ 15 % des adolescents, et un nombre croissant d'adultes, et c'est un *must* : « Les gens ont en tête une liste des sensations fortes qu'il leur faut éprouver : escalader une montagne, assister à l'éruption d'un volcan, nager avec des dauphins,

1. Pascal Bruckner, *L'Euphorie perpétuelle*, *op. cit.*
2. Willy Pasini, *op. cit.*
3. David Le Breton, *Passion du risque*, Métailié, 2000.

avoir des orgasmes multiples[1]... » Cela n'existe pas dans les civilisations où les adolescents subissent des rites initiatiques qui ont précisément pour but de construire « l'accès à l'âge d'homme à travers une série d'étapes déterminées à l'avance par la tradition », explique le psychiatre Michel Lejoyeux[2]. Chez les peuples primitifs, l'initiation tribale des adolescents les « aidait à devenir les fils de leur père », confirme Guy Corneau[3]. Elle rendait officielle la séparation d'avec la mère et faisait d'eux des hommes. On disait qu'ils étaient « re-nés ». Ces rites n'existent plus aujourd'hui avec la même force. Ce qui en faisait office en Occident n'a plus cours ou a carrément disparu, comme le service militaire. Mais les études se prolongent (le bobo est au moins bac+5), le chômage empêche de quitter la maison, les entreprises recrutent des jeunes bardés de diplômes pour ne pas avoir à les former. Mais surtout, on n'a aucune envie d'abandonner le statut privilégié d'adolescent, si proche de l'enfant roi idéalisé ; on ne va tout de même pas perdre tous ces avantages acquis depuis la naissance.

Certains disent que les dernières traces de rites de passage ont été vues dans les pensionnats anglais ou lors de bizutages français. Comme si les pairs (un ou deux ans de plus que « l'initié ») pouvaient jouer le rôle d'un adulte... Les épreuves initiatiques traditionnelles n'avaient rien de sadique, même si elles choquent notre sensibilité moderne. Contrairement aux perversions d'ados en mal de domination, elles

1. Dick Pountain et David Robins, *op. cit.*
2. *Sciences et Avenir*, « Les folies ordinaires », hors-série avril-mai 2000.
3. Guy Corneau, *op. cit.*

avaient un sens : marquer le passage à l'âge adulte. Aujourd'hui, ce passage est moins repérable, il est plus flou, plus long, plus diffus.

Des idoles inoxydables

En l'absence de valeurs ou de modèles inspirants, on se fabrique des idoles que l'on va chercher chez les athlètes, les acteurs, les *rock stars* ou même les animateurs de télé, puisque la marque du héros moderne se résume souvent à la notoriété. D'ailleurs, on recherche les moyens ou l'occasion de changer son destin. Pour Daniel Bougnoux, professeur de sciences de la communication, ce sera plus souvent un « court-circuit médiatique [qui] annule de façon vengeresse la logique selon laquelle se construit normalement la notoriété[1]... ». Ce zoom avant sur celui qui a su attirer les flashs et les micros, quelle revanche, quel pied de nez au travail, aux parents, à l'école, aux institutions, aux élites !

Mais comme tout cela manque singulièrement de souffle, on se tourne aussi vers les valeurs sûres que sont les icônes rebelles : Rimbaud, Bob Marley, Che Guevara, et on s'identifie collectivement à leur image. Ce n'est ni l'amour de la poésie, ni une conversion tardive au rastafarisme ou à la révolution socialiste, mais la vénération de la figure romantique, photogénique de préférence. Celle du Che a été vue et revue, sous un seul angle, celui de la fameuse photo prise à la volée lors d'un meeting politique par Alberto Korda. Cette image a fait le tour du monde, éditée à des millions d'exemplaires

1. *Télérama*, 4 juillet 2001.

sous forme de posters, tee-shirts et autres produits dérivés ; elle a créé le mythe du « guérillero héroïque ». Tué par les forces conservatrices en plein maquis colombien, il garde son visage lisse et traverse les décennies sans vieillir (lui). Le mythe est si creux que les enfants de baby-boomers n'ont aucune difficulté à reprendre vaillamment le flambeau du culte de jeunesse de leurs parents, pour la plus grande joie des ex-jeunes. On communie ainsi, sans fossé de générations, dans la même ferveur pro-Che.

On aime aussi beaucoup, et peut-être même un peu plus, les idoles subversives, comme Jim Morrison, Jimi Hendrix, Janis Joplin, Gainsbourg ou même Coluche. On est fasciné par leur côté destructeur, noir, vaguement diabolique. Pour certains psys, leur cynisme exprimerait la souffrance d'avoir à renoncer à ses illusions... Mais qui a dit que ce serait facile ?

Aujourd'hui, il ne reste plus que l'humour et la dérision pour extérioriser un éventuel mal-être, puisqu'il faut être dynamique, avoir l'air bien dans sa peau, à l'aise dans ses baskets. Sinon on est chiant, et on s'exclut. Le journaliste Alain Pacadis le disait déjà dans ses chroniques à *Libération* dans les années soixante-dix : « Il faut sortir, paraître à toutes les fêtes, rire d'un rien, tuer d'un regard, jouir de l'instant, et tout ceci est bien réel. Une minute d'inattention et vous êtes mort [1]. » Comme chez Disney ou au Club Med, où l'on est contraint d'être souriant, gai, extrêmement joyeux, façon lutin sautil-

1. Alain Pacadis, « Mondanités au désespoir », *Libération*, 5 décembre 1979, cité dans *L'Esprit des seventies*, Grasset, 1994.

lant, sinon on est viré. L'extraversion est une qualité obligatoire du GO que nous sommes tous.

Depuis les années quatre-vingt-dix, le regain d'esprit festif et ludique correspond à la fin d'une longue crise économique et au besoin d'être rassuré très fort. On veut se faire plaisir et ne plus avoir peur du lendemain. « Ils ont grandi dans un environnement économique difficile et éprouvent le désir de retrouver cette enfance sans souci qu'ils n'ont pas eue », dit Gérard Mermet[1] à propos des trentenaires, tandis que les baby-boomers veulent juste retrouver le parfum de leur âge d'or. Il règne comme un sentiment d'euphorie. Mais l'insouciance est forcée : « Seul celui qui se réjouit d'être moderne est authentiquement moderne[2]. » Les baby-boomers entendent ce refrain depuis leurs vertes années grâce au grand maître à penser que fut Raoul Vaneigem, dont tout le monde connaît une phrase, sans savoir qui en est l'auteur et sans jamais avoir lu son *Traité de savoir-vivre à l'usage des jeunes générations*[3], paru un an avant les « événements » : « L'ivresse des possibles, le vertige de toutes les jouissances mises à la portée de tous. »

J'ai fait une rave...

Les loisirs, c'est encore mieux la nuit. Depuis qu'on ne croit plus à l'enfer et aux démons, on n'a jamais été autant peuple de la nuit. Cent mille couche-très-tard (à partir de 1 heure du matin et jusqu'à... pas d'heure) recensés à Paris, selon

1. Gérard Mermet, *op. cit.*
2. Milan Kundera, *op. cit.*
3. Paru chez Gallimard en 1967.

Alexandre Habibi, rédacteur en chef de *Paris-Nuit*[1]. Après la RTT, la RTS, réduction du temps de sommeil, est une tendance certifiée par Damien Léger, responsable de l'unité sommeil de l'Hôtel-Dieu à Paris. Pour le sociologue Michel Maffesoli, « nous sommes entrés dans un régime nocturne. C'en est fini de la prédominance du cognitif, de l'ère de la raison, du jour. Place au débridement des sens. Aujourd'hui on s'éclate, on vibre. Dionysos est de retour[2] ». Même si on donne beaucoup dans les soirées nostalgies, nuit Casimir, nuit des héros de séries, nuit des publivores et soirées *sixties*, il ne s'agit pas tant de se rassurer que de s'éclater à tout prix. Et en tout cas, de le faire savoir. Ce qui donne l'impression qu'on « assure ».

L'abondance d'images et d'« informations » sur les nuits où il se passe quelque chose a renforcé leur *glamour* et la nécessité d'en être, d'y paraître. Rien de nouveau en réalité, sauf qu'hier, dans les années cinquante et soixante, les folles nuits parisiennes, de Saint-Trop, des oscars ou d'Ibiza faisaient l'objet de quelques photos dans la rubrique « L'œil » du magazine *Vogue*. Sans plus. La fin des années soixante-dix a vu monter la fièvre du samedi soir avec l'ouverture de plusieurs boîtes extravagantes, dont Le Palace, la Main-Bleue, les Bains-Douches. Tous les magazines, tous les journaux, y compris *Le Monde*, en parlaient : « C'est un phénomène de société », écrivaient-ils. Aujourd'hui encore, pour pénétrer dans ces hauts lieux festifs, une seule exi-

1. Cité dans *L'Express*, 2 août 2001.
2. Michel Maffesoli, *L'Ombre de Dionysos : contribution à une sociologie de l'orgie*, Le Livre de poche, 1991.

gence : être brillant et avoir un look. La devise, c'est liberté, égalité, frivolité : « On peut tout faire au Palace, sauf penser », affirmait Alain Pacadis[1].

Certains, comme Gilles Hertzog, y voyaient la suite logique de Mai 68 : « Dix ans exactement séparent Mai 68 de l'ouverture du Palace, dix ans pendant lesquels plus rien ne s'est vraiment produit et s'est dissous l'inouï de cet événement sans pareil. Le Palace n'est rien d'autre que le gâteau d'anniversaire des petits enfants de 68 qui ont grandi. Image inversée de cet autre théâtre où ils dansèrent un seul printemps, celui de l'Odéon. Une fois fini le temps des rêves de changer la vie, il est pour tous les désenchantés de la révolution introuvable, la reconnaissance de leur échec et de leurs désillusions[2]. » Dix ans après cet étrange anniversaire, le mur de Berlin tombait. Et nous voici, à l'aube du IIIe millénaire, installés en pleine « fêtardise ». Il n'y a plus de causes, plus de modèles à défendre, alors on devient militant fêtard.

Selon un sondage Thalys-Ipsos réalisé en mai 2001, 40 % des Français disent faire la fête de une à trois fois par mois, et 10 % de une à plusieurs fois par semaine. Même si faire la fête signifie parfois simplement « recevoir des amis ». N'importe, on aime la « teuf ». On prend des cuites et autres pour mieux s'amuser. Depuis le milieu des années quatre-vingt-dix, le chiffre d'affaires des établissements nocturnes français – près de douze milliards de francs – a doublé. Dans le même temps, le nombre

1. « Palace », *Libération*, 27 et 28 mai 1978, rapporté dans le livre d'Alexis Bernier et François Buot, *L'Esprit des seventies*, Grasset, 1994.
2. Gilles Hertzog, « Les folles nuits du Palace », *Playboy*, juillet 1978.

de bars à ambiance musicale (BAM) est passé de quatre cents à cinq mille. En 2000, les boîtes de nuit ont enregistré plus de trois cents millions d'entrées.

On assiste aussi au renouveau des guinguettes et bals populaires, hier parfaitement ringards et aujourd'hui à nouveau fréquentables. D'ailleurs le style « ringard » fait fureur dans les soirées. On chante tous en chœur et avec les mains les vieux tubes des années soixante et soixante-dix. Le tube de l'année 2000 fut « Ces soirées-là » du chanteur Yannick, sur l'air de « Ces années-là », hit cloclоïque.

Mais il faut de l'outrance aussi, et on va pour cela dans les endroits recommandés, sur recommandation. Les clubs spécialisés et soirées chaudes se multiplient. Il faut être original, faire de l'inédit, du jamais-vu. Du moment que l'imprévisible est de la partie, tout est bon pour se distraire. On préfère donc les fêtes improvisées ou du moins pas très organisées, hors contexte, hors la loi, hors des lieux classiques. Hangars, friches industrielles, lieux abandonnés, champs... peuvent attirer jusqu'à cinquante mille ravers en folie (en *off* du festival des Vieilles Charrues à Carhaix en juillet 2001). Ces *free parties* sont rarement le fait des plus de trente ans, mais l'important n'est pas tant l'âge des participants réels que le fait que des adultes de tous horizons se sont approprié le mouvement, s'identifient à ces événements spontanés, « rebelles », qui leur rappelle de bons souvenirs. D'ailleurs, la première *rave* (en anglais, « s'extasier ») européenne, qui s'est déroulée en 1988 à Manchester, s'appelait *Second Summer of Love* – le premier « été de l'amour » étant celui des hippies en 1967.

La lignée est donc bien tracée et ces rassemblements suivent le « schéma baba cool de PLUR (*Peace, Love, Unity and Respect*[1]) ». Ces cérémonies festives, initiatiques, où les drogues circulent abondamment, se font dans des TAZ, *temporary autonomy zones* (« zones d'autonomie temporaire », mais TAZ désigne également l'ecstasy en anglais). Le philosophe Hakim Bey les décrit comme des « opérations de guérilla qui libèrent une zone puis se dissolvent, avant que l'État ne les écrase, pour se reformer ailleurs dans le temps et dans l'espace[2] ». Un teufeur mis en examen pour mise en danger d'autrui et facilitation à la consommation de produits stupéfiants déclare dans *Sud-Ouest* : « La force du message de la free, c'est l'expression d'un ras-le-bol vis-à-vis de notre société individualiste et dominée par l'argent et des drogues telles que "Loft story" ou la réussite sociale[3]. »

Le terme même de *free party*, souvent préféré à *rave*, porte des notions de gratuité et de liberté. *Le Monde* constate qu'un grand nombre d'adeptes des *free parties* cherchent à se ménager un espace de liberté qui échappe aux normes ; sans pour autant rompre avec le « système ». « Loin d'être des marginaux en rupture de ban, beaucoup de teufeurs ont un pied dans la société et un autre dans le monde de la rave clandestine et illégale[4]. » Dans ce même article, on rencontre Gabrielle, une assistante parlementaire de vingt-neuf ans, qui jongle entre sa vie

1. *Le Monde*, 23 mai 2001.
2. Hakim Bey, *TAZ*, éditions de L'Éclat, cité dans *Le Monde*, 23 mai 2001.
3. *Sud-Ouest*, 15 août 2001.
4. *Le Monde*, 16 juin 2001.

officielle et celui de la rave illégale : « C'est carrément le grand écart », ironise-t-elle. Cette « teufeuse de base » aux airs de baba cool vogue allègrement entre les couloirs feutrés de l'Assemblée nationale et les terrains privés ou les hangars squattés pour cause de raves : « C'est le paradoxe total, c'est ça qui est éclatant dans ma situation. [...] C'est un truc qui me porte, ça me permet d'être ce que je suis. Ce n'est pas seulement une fête musicale, c'est un mouvement idéologique qui s'ignore », assure cette jeune fille de bonne famille « issue du ghetto de la rue de Sèvres [1] ». Il est vrai qu'on s'y mélange allègrement – les drogues « empathiques » y concourent largement – sans compter la musique qui s'y joue : « Le rock ne rapproche pas les gens, la techno, oui, on sent le voisin, la masse, on se fond dans la lumière », raconte Anne Scott [2].

À part cela, comme chez les hippies, il n'y a pas vraiment d'idéologie. « Beaucoup se disent anarchistes, mais sans vraiment théoriser et sans s'investir dans une dimension politique », dit Emmanuel Grynszpan [3]. *Libération* constate que « le fils de banquier côtoie le SDF mais difficile de les différencier, dans ce troublant regroupement identitaire [4] ». Sans compter que, décidément, tout se perd et rien n'est vraiment plus comme avant : « Pétard et bière en main, l'ambiance a un arrière-goût beatnik, mais sans la dimension sexuelle, cela perd en charme. » L'un des charmes malgré tout, c'est la spontanéité,

1. Cette rue est située dans un quartier huppé de Paris.
2. Ann Scott, *Superstars*, Flammarion, cité dans *Le Monde*, 23 mai 2001.
3. Interview dans *Le Monde*, 16 juin 2001.
4. *Libération*, 29 juin 2001.

l'immédiateté, on distribue des *flyers* (le carton d'invitation du raver), on s'appelle de portable à portable, et cent, mille, dix mille personnes se retrouvent dans des lieux tenus secrets jusqu'au dernier moment.

Les fêtes techno ne peuvent évidemment pas être réglementées, sinon ce ne serait plus du jeu. Là où y a de la gêne, y a pas de plaisir. Freud opposait le principe de plaisir, infantile, au principe de réalité, adulte. Le monde adulte est par définition un monde réel, ce qui n'exclut pas le plaisir, mais le limite. Ces mégateufs où l'on s'explose, *no limits*, n'ont rien à voir avec les surprise-parties de papy ou les boums de maman. C'est précisément ce qui coince dans ce monde adulescent : « C'est impossible de faire toutes les fêtes ! Il y en a trop ! D'autant qu'on bosse en semaine. » C'est pourquoi certains en font un métier. DJ, un métier fabuleux qui appelle à la vénération.

Trop fun !

On s'amuse de tout. Le « grave » n'a plus cours. On aime l'humour cynique consensuel, indispensable dans tout dîner en ville ou *talk-show* qui se respecte. À la télé, il fait vivre les Franck Dubosc, Stéphane Blakowski et leur précurseur, Laurent Baffie. On rit jaune plus souvent que gras, on se moque, on fait de la dérision. C'est essentiel sur un plateau, car « la blague qui fuse permet de décoincer l'ambiance », explique Thierry Ardisson dans l'hebdomadaire culturel. Jean-Pierre Loisel, du Credoc, en parle comme d'une « consommation régressive pour les enfants de la crise, âgés aujourd'hui de 30 à 40 ans [1] ». Cette volonté

1. *Télérama*, 22 novembre 2000.

d'échapper à la dure réalité explique sans doute aussi l'excellent accueil public des comédies potaches, qui sombrent toujours plus dans les blagues scatos et sexuelles. Selon Dana Polan, professeur de cinéma à l'université de Californie du Sud : « Le succès de ces films est lié aux frustrations de la société. La vie n'est que routine, alors on rêve de briser les tabous, d'enfreindre les règles. On le fait à travers le cinéma, et ça défoule[1]. »

Quand on dit qu'on s'amuse, attention : c'est surtout le *fun* qui compte. Dans *L'Euphorie perpétuelle*, Pascal Bruckner l'a décortiqué : « Le *fun* est une discipline du tamisage qui érige de discrets remparts, instaure une ambiance aseptisée où je jouis du monde sans lui accorder en retour le droit de me blesser, de me punir. [...] C'est un peu de cette dimension que retrouvent les sports de glisse. [...] Univers d'esprits et de farfadets, de passe-murailles pour qui les lois de la gravité n'existent plus et qui fluidifient la matière. Il ne faut pas peser, il faut planer[2]. »

Comme d'autres faisaient des soirées bridge ou des tournois d'échecs, on invite pour une soirée Scrabble, ou Pictionary. Pour Gérard Mermet, cela n'a rien d'inquiétant : « À l'âge adulte, le jeu représente beaucoup plus qu'un loisir. Il est un moyen de s'évader du monde, d'éprouver des émotions et du plaisir. Et de rêver à une autre vie. Il paraît normal qu'il se développe dans une société où se sont accumulées de nombreuses frustrations et dans laquelle le temps libre a pris une place considérable[3]. »

1. *L'Express*, 25 octobre 2000.
2. Pascal Bruckner, *L'Euphorie perpétuelle*, *op. cit.*
3. Gérard Mermet, *op. cit.*

Depuis les années quatre-vingt en effet, de nouveaux jeux de société pour adultes sont apparus, Trivial Pursuit en tête. On y gagne des camemberts en donnant le nom d'un présentateur d'une émission culte des années soixante-dix. Sont apparus ensuite le Pictionary, le Taboo. On y joue à plusieurs, il y a toujours les mauvais joueurs, ceux qui trichent, on se dispute, on a des fous rires, rien n'a changé. Vu leur succès, mais aussi leur facilité, les fabricants ont décidé de décliner des versions « junior » de ces jeux. Mais dans les magasins de jouets, on trouve maintenant aussi des jeux interdits aux moins de dix-huit ans, comme KamaSutra, à jouer à deux.

Au Japon, les adultes s'arrachent le nouveau livre-jeu, facile à lire et drôle : Kokologie (de *kokoro*, qui signifie « esprit, sentiments », et du grec *logia*, « étude de ») a été vendu à plus de quatre millions d'exemplaires au Japon et aux États-Unis quelques mois après son lancement en 2001. On y joue seul ou en groupe. Confronté à des situations très banales ou à des scénarios extravagants, le joueur doit répondre à des questions simples qui en disent long sur sa personnalité lorsqu'il consulte ensuite les interprétations du psychologue. Le but est de mieux se connaître soi-même. « C'est une sorte de test de Rorschach où les mots remplacent les taches d'encre », affirment les inventeurs, un journaliste et un prof de psychologie à l'université de Rissho. Le conseil enthousiaste de *Madame Figaro*, qui a déniché ce *must have* : « Ne réfléchissez pas trop. Dites la première chose qui vous vient à l'esprit ! » Comme quand vous étiez jeunes.

Les jeux de rôles sont des espaces de liberté, entre réel et virtuel ; on est en plein dans le *fun* décrit par

Bruckner : « Coussin de protection qui nous protège de l'âpreté et de la dureté. À cet égard, le *fun* est contemporain du virtuel et témoigne comme lui de la même volonté de dématérialiser le monde, de bousculer les frontières de l'espace et du temps[1]. » On y joue « pour de vrai » dans des hangars ou dans la forêt. Pour une soirée, une nuit ou plusieurs jours, on devient Perceval qui doit reconquérir le Saint-Graal, le seigneur du château où se terrent des méchants qu'il faut combattre jusqu'au dernier. On est James Bond qui lutte contre l'ennemi, ou le seul Terrien à avoir compris que les Martiens étaient parmi nous. Il faut sauver la planète, détruire les mondes de Véda, prendre le feu sacré dans la caverne de Thor. On se tue, on meurt, mais on a plusieurs vies. On ressuscite et c'est reparti pour des heures de poursuites effrénées, traquenards infernaux, plans machiavéliques, épreuves de courage et d'endurance. On peut aussi y jouer tranquillement à la maison, avec un plateau, des dés et des cartes qui déterminent les événements et les hasards, mais aussi les pouvoirs et les handicaps : « Tu as trois vies, tu as le pouvoir d'invisibilité, mais tu as peur des chats et il te manque un bras. » On y croit à fond, on perd complètement ses repères, et le retour sur Terre, à la réalité, est un peu dur ; c'est d'un terne à mourir.

Le *paintball*, c'est comme quand on jouait à la guerre et c'est bien sûr pour de rire. Les projectiles, de petites billes en gélatine alimentaire à base de pied de porc, sont remplis de crème colorée comestible. On se défoule sans trop de danger, on s'identifie à son clan, on court après les méchants, et pan, t'es mort.

---

1. Pascal Bruckner, *L'Euphorie perpétuelle*, *op. cit.*

On retrouve cet esprit du jeu et de la mise en scène dans les nombreuses reconstitutions historiques qui fleurissent depuis les années quatre-vingt dans les villes et villages de France, et où l'on fait revivre une page de son histoire locale. Pas besoin de faire appel à des comédiens professionnels ; les habitants se battent pour en être, pour incarner un personnage tel qu'on l'imagine. Dans ces spectacles ritualisés, chacun retrouve son rôle d'année en année. « Tu es qui, toi ? », « Je fais Catherine de Médicis », « Et moi, Nostradamus ». Maquillages, costumes (que l'on confectionne souvent soi-même), accessoires, décors, tout est fait pour que chacun s'y croie, on se déguise en fée, en roi, en princesse, en gueux, plus vrais que nature, c'est la même joie que lorsqu'on était petit.

Contre la solitude, on invente de nouvelles occasions de se réjouir ensemble. Fête de la Musique, Printemps des poètes, fête des Grand-Mères, Halloween, Saint-Valentin et, depuis peu, les opérations « immeubles en fête », qui se multiplient. « Les sociabilités traditionnelles ont éclaté depuis les années soixante-dix, explique le sociologue Jean-Marc Dutrénit[1]. Les familles se sont dispersées aux quatre coins du globe. Les gens ont donc besoin de trouver d'autres réseaux, de nouvelles alliances. » Des fêtes instituées ou récupérées font très bien l'affaire.

1. *L'Express*, 24 mai 2001.

La vie en ligne

On pourrait presque ne plus jamais être seul. Avec les e-mails et les mobiles, on se joint beaucoup plus facilement. L'ordinateur a bouleversé notre représentation du monde. Désormais, je clique et je (crois que je) peux tout savoir. Les enfants maîtrisent presque naturellement ces nouveaux outils, alors que leurs parents peinent et leur demandent des explications et le mode d'emploi. Tout ébahis devant tant de talents, ils éprouvent une joie infantile à suivre à la lettre les recommandations de leurs rejetons. Jacques Gautrand écrit à ce sujet : « Il s'opère une sorte de régression infantilisante devant les nouvelles machines à communiquer. L'adulte, naguère chargé de guider le jeune dans le monde, de lui prodiguer préceptes et conseils lui permettant d'évoluer dans son environnement quotidien, de devenir plus autonome et responsable, paraît aujourd'hui s'appuyer sur les épaules de ses enfants pour qu'ils l'escortent dans le cybermonde. Les parents se mettent à l'école de leurs enfants... selon un curieux "mimétisme à l'envers" [1]. » Cette inversion a un je-ne-sais-quoi de délicieux, comme s'il était permis de jouer à l'enfant avec sa progéniture devenue préceptrice.

Avec ses cent cinquante milliards de francs de chiffre d'affaires, l'industrie mondiale du jeu vidéo a déjà distancé celle du cinéma. « C'est le 8e art, et sans doute la grande affaire du XXIe siècle », prédit le magazine *Elle* [2]. En tout cas, cela repré-

1. Jacques Gautrand, *L'Empire des écrans*, Le Pré aux Clercs, 2002.
2. *Elle*, 4 décembre 2000.

sente un « bouleversement des repères de l'identité », affirme Serge Tisseron : « Le bonheur de ceux qui y jouent n'est plus de s'identifier aux héros, comme leurs parents le faisaient au cinéma ou devant la télévision, mais au meneur de jeu, voire à Dieu lui-même[1]. » Comme si le cinéma et la télé n'offraient que du prêt-à-porter auquel il fallait bien s'adapter, alors que dans le jeu vidéo, le joueur fait ce qu'il veut. On peut aussi insuffler des idées à son personnage, qui vont lui permettre de... changer sa vie. En Corée du Sud, où les jeux commencent souvent leur première vie, le jeu Lineage triomphe. Le temps du jeu, le joueur peut se faire trafiquant d'armes, meurtrier ou lutin. Un délire extravagant pour le Coréen moyen : « Dans le monde réel, en Corée, on est obligé de réprimer ses envies et ses désirs cachés. Dans ce jeu, ils sortent », explique le psychologue Joonmo Kwon. Quels que soient les jeux, ils nous permettent finalement de réaliser tous nos fantasmes de toute-puissance. Un site Internet de jeu en ligne promet ainsi : « Créer son monstre, partir dans l'espace... Sur le site Goobo, nos vieux rêves deviennent réalité, à condition d'avoir su rester un enfant. »

Le « on ferait comme si » est parfois bien plus facile que le « c'est ainsi, un point c'est tout ». Marc DeVito, l'un des producteurs de Tech TV, un site Internet qui emploie la présentatrice virtuelle Tilde, ne s'étonne plus de rien : « Les gens lui envoient des messages personnels du genre : Êtes-vous célibataire ? Je voudrais un rendez-vous[2]. » Pourquoi pas ? Ils ont fait pareil avec de

1. Serge Tisseron, *op. cit.*
2. *Le Point*, 3 août 2001.

« vraies » stars, et elles non plus n'ont pas répondu. Sherrie Krantz, la créatrice du personnage de Vivian Livingstone, jeune New-Yorkaise de vingt-cinq ans, raconte que Vivian reçoit plusieurs centaines d'e-mails par jour de fans qui se connectent sur son site vivianlives.com pour lui demander des conseils de maquillage ou de vêtements pour une soirée : « Les fans se moquent qu'elle soit animée. Elle a une personnalité accessible et joue le rôle d'une amie. » Lara Croft, l'héroïne du jeu vidéo Tomb Raider, est devenue si « humaine » qu'on peut la voir nue sur plusieurs sites Internet pirates. Comme toutes les stars hollywoodiennes en chair, en silicone et en os. Dans le *Los Angeles Times*, le producteur Andrew Niccol confirme la tendance : « Nous arrivons à une étape où nous ne saurons plus si l'acteur ou la présentatrice de télé est une image réelle ou synthétique. Mais peu importe, tant qu'ils nous impressionnent ou nous émeuvent [1]. »

À la différence des enfants qui vivent dans un monde imaginaire qu'ils réaménagent sans cesse, et des adolescents qui jouent des personnages quand ils sont en bande et qui pensent que tout est possible car ils ont l'éternité devant eux, les adultes sont supposés savoir faire la différence entre le réel et le virtuel. Cela demande d'organiser ses hiérarchies et ses priorités. Accepter que le plaisir instantané peut avoir des conséquences, que l'on va mourir un jour, et enfin que dans la vie il n'y a pas de touche *rewind*, ni de « copier/coller ». Certes, cela manque de charme et de poé-

1. *Ibid.*

sie, mais c'est comme ça et pas autrement, les mamans l'ont dit et répété.

La distinction entre le réel et le virtuel, le privé et le public, le fond et la forme, le jour et la nuit se brouille, et pas seulement dans les jeux vidéo. Pour Pascal Bruckner, c'est symptomatique et contemporain de la culture *fun* et glisse : « Le réel n'est convoqué que pour être mieux éludé. De même que l'on peut chanter en duo avec Elvis ou jouer dans un film avec Bogart, grâce aux techniques virtuelles, le *fun* nous plonge dans l'enchantement des contes de fées : le désir y triomphe de toutes les épreuves et rencontre sans peine sa satisfaction. L'univers a perdu de son aspérité, s'est réduit à une surface, à des formes, à des images. On peut donc tout essayer à condition que rien n'ait d'importance[1]. » Une publicité pour un appareil de *home vidéo* nous dit qu'il est parfois difficile de regarder la réalité en face. « L'image paraît si réelle qu'elle en devient effrayante. [...] Quand la perception est plus puissante que la réalité, la réalité doit laisser le champ libre à la perception », écrit Joe Queenan[2].

Les jeux vidéo réalisent aussi nos cauchemars les plus fous. Plusieurs, dont Twins (du nom des deux tours du World Trade Center), ont dû être retirés de la vente après les attentats du 11 septembre 2001. Ils présentaient des scènes de destruction des tours, c'était virtuel, mais tout à coup c'était aussi la réalité. Parmi les accidents de voi-

1. Pascal Bruckner, *L'Euphorie perpétuelle*, *op. cit.*
2. Joe Queenan, *Balsamic dreams, a short but self-important history of the baby-boomer generation*, Henry Holt, 2001.

ture, il faudrait dénombrer ceux qui sont causés par une trop mauvaise évaluation des risques et où l'on a rencontré la réalité de plein fouet. Dans un simulateur de conduite, on peut se prendre pour un pilote de F1 ; quand on rattrape une voiture, c'est forcément un concurrent, et il faut donc la doubler coûte que coûte, ou bien l'obliger à partir dans le décor...

Mais on était trop seul face à son écran. Des créateurs de logiciels y ont pensé. Désormais, réincarné en un personnage imaginé par lui, le joueur peut s'associer à d'autres elfes, trafiquants, géants, guerriers, pour vaincre l'ennemi ou l'équipe adverse. On forme des « guildes », comme chez Merlin l'enchanteur. Cela crée des liens très affectifs avec les autres membres, que l'on peut même rencontrer en dehors des parties, sur des forums annexes. Des webséminaires de formation permettent aux néophytes d'intégrer les codes et savoir-faire. « Des milliers de joueurs se rencontrent ainsi dans des mondes virtuels, apparaissant et disparaissant au gré de leurs connections. » Une joueuse de trente-six ans déclare : « J'aime cette dimension sociale dans ces jeux. C'est comme une grande convention, on rencontre des gens venus du monde entier et peut-être même de la maison d'en face[1]. »

Sur le Web, plus encore qu'avec le Minitel, on se fait plein de nouveaux « amis ». On forme des tribus qui évoluent à la fois dans le monde réel et dans le monde virtuel. Les relations sont temporaires autour de passions ponctuelles : collection de bandes dessinées, de boîtes de conserve des années cinquante ;

1. *Newsweek*, 13 novembre 2000.

engouement pour une *rock star*, un top-model, la préhistoire, les champignons, un sport. On socialise mais en vase clos, cercles fermés et petits groupes ; en bandes, en clans, en clubs. Il faut montrer patte blanche pour se faire accepter, avoir un langage commun, adopter des rites, des styles de vêtements, des types de loisirs définis. Le monde se divise en deux : mes potes et les inconnus, et je ne veux surtout pas qu'on me prenne la tête, donc on doit être sympa avec moi. On tchatche sur des forums innombrables, de thèmes préalablement choisis, au moins on est sûr que tout le monde a envie de parler de foot ce soir. Ce qui permet de ne jamais être vraiment seul, mais jamais dérangé non plus, tant que les amis virtuels ne s'immiscent pas dans la vie « réelle ».

Garder un contact avec la réalité devient un défi, et les psys voient arriver une nouvelle catégorie de patients, les drogués du Web, qui restent scotchés et surtout y reviennent compulsivement. Frédéric Beigbeder nous a pourtant prévenus : « Demandez à n'importe quel surfeur : pour tenir à la surface, il est indispensable d'avoir un creux en dessous. Surfer, c'est glisser sur un trou béant [1]. » La vacuité pas plus que l'obsession du virtuel ne facilitent les contacts entre les gens, qui sont souvent déjà réduits au minimum ; on s'évite, on se fuit, on se méfie, tout en étant très entouré, tout le temps.

---

1. *VSD*, 31 mai-6 juin 2001.

Le monde vu de mon nombril

« Finalement, finalement, il nous fallut bien du talent pour être vieux sans être adultes. »

JACQUES BREL,
La Chanson des vieux amants.

Rien n'est moins sûr. Telle pourrait être la devise du monde actuel. Il n'est pas facile d'être droit dans ses bottes quand les dernières certitudes se désagrègent, « mais c'est pas grave », puisqu'elles sont remplacées immédiatement par d'autres, tout aussi éphémères. Sans compter qu'il devient de plus en plus difficile de faire les bons choix, peut-être parce qu'il y en a trop à faire. « L'adulte apparaît plus seul dans ses prises de décision concernant un projet. Depuis une génération la prolifération de ces projets a suscité une véritable culture "obligatoire" du projet qui, paradoxalement, fragilise la vie adulte en faisant apparaître de nouveaux et multiples enjeux difficiles à maîtriser. La vie adulte s'identifie-t-elle désormais à une période existentielle faite de grandes perplexités génératrices de formes d'immaturité ? » s'interroge Jean-Pierre Boutinet[1]. La société n'offrant plus de réponses toutes faites, il reste en effet à en inventer. Pour Miguel Benasayag : « C'est malheureusement, pour le moment, l'égoïsme individuel et aliéné qui vient remplir le

1. Jean-Pierre Boutinet, *L'Immaturité de la vie adulte*, PUF, 1998.

vide laissé par la crise des valeurs transcendantes [1]. » Dans une société narcissique, l'égocentrisme est roi, l'important c'est moi et mes envies. Mais, comme on n'a plus six ans, on ne dit pas « j'ai envie », on dit « j'aspire à » ou « mon ambition est... ».

Une savante combinaison de narcissisme, détachement ironique et hédonisme caractérise l'« esprit cool » : « C'est un style émotionnel propre à l'ère moderne. Il a fallu l'effondrement de la foi religieuse et le traumatisme des deux guerres mondiales pour le transformer en un phénomène de masse [2]. »

Culte de l'enfance

Dans notre quête d'authenticité, on traque la spontanéité. Je suis spontané, je fais ce que je « sens », j'ai le *feeling*, comme les enfants qui savent si bien ce qu'ils veulent, sans avoir à justifier. Et comme les enfants, j'ai désormais du temps pour moi. La réduction du temps de travail depuis la fin de la Seconde Guerre mondiale a augmenté mon temps disponible à moi-même. Du temps pour mes loisirs, ma spontanéité, mon expression personnelle et mes talents. Les Américains n'ont peur de rien quand il s'agit de retrouver l'enfant qui est en eux. Ils suivent des thérapies pour le redécouvrir, avec des spécialistes dont c'est le nouveau métier, les *innerchild therapists* (thérapeutes de l'enfant intérieur). Ils tentent des activités d'enfants, le saut à la corde, par exemple. Pas comme les boxeurs, non, comme les petites filles – et comme les garçons qui

1. Miguel Benasayag, *Utopie et Liberté : les droits de l'homme, une idéologie ?*, La Découverte, 1986.
2. Dick Pountain et David Robins, *op. cit.*

auraient tant aimé y jouer aussi mais ne le faisaient pas, de peur de passer pour une fille justement. Aux États-Unis, le nombre d'adeptes de plus de trente-cinq ans du saut à la corde a fait un bond. Ils ont bien sûr créé un site sur lequel célébrités et inconnus témoignent : « Laissez jaillir la petite fille ou le petit garçon enfermé depuis trop d'années en vous », conseille Rod O'Shea, un présentateur télé de quarante-deux ans. « Je saute à la corde et je redeviens une enfant », assure une New-Yorkaise de trente-cinq ans. « Retrouvez le goût de jouer, c'est rigolo, ça donne le fou rire ! » dit une secrétaire de direction de cinquante et un ans. C'est le retour de l'« enfantitude » (*kidness*). Après le patin à roulettes, le roller, les jeux de société, la trottinette, il ne nous reste à réinventer les billes et les châteaux de sable, n'importe quoi, du moment que cela apporte des satisfactions sensorielles plus qu'intellectuelles. En avril 2001, *Cosmopolitan* donne des adresses à Paris « où se rouler dans l'herbe », pour « conter fleurette, regarder la feuille à l'envers, bref, célébrer dignement le printemps ». Une pub pour une voiture haut de gamme note que « le gamin le plus heureux à bord est assis sur le siège avant gauche ». Une autre pour télé haut de gamme à écran à cristaux liquides proclame : « Suivez vos rêves ! » C'est tellement ce qu'on aimerait pouvoir encore faire quand on n'a plus vingt ans.

Depuis que des adolescents se sont élevés dans les années soixante contre les règles et les hiérarchies, les relations familiales ont évolué. On n'est plus le fils de ses parents comme auparavant, et on n'est pas non plus père ou mère de la même façon. Les rapports intergénérationnels répondent à d'autres critères. Alors qu'on n'a jamais autant parlé de génération « ceci », génération « cela », les générations se confondent. Les adultes adulent la fraîcheur des enfants et jouent « au garçon et à la fille », comme ils ont joué naguère au papa et à la maman. Les enfants observent de loin ces grandes personnes qui agissent et réagissent comme ils n'oseraient même pas le faire. Les médias parlent indifféremment de « jeunes de vingt-huit ans » mais aussi d'un « jeune de cinq ans [1] ». L'écrivaine Katherine Pancol revendique cette confusion des âges à propos de son roman *Et monter lentement dans un immense amour...* : « Je ne crois pas du tout à ces histoires de génération. Une femme de cinquante ans aujourd'hui peut être aussi midinette ou cynique qu'une fille de vingt ans [2]. » Devenir adulte exigerait de faire le deuil des idéaux de l'enfance. Non, je ne suis pas le roi du monde. Tout le monde ne me regarde pas d'un air émerveillé. Mes colères les plus noires ne peuvent résoudre mes problèmes. C'est injuste et vraiment dommage, mais il arrive que l'on vive heureux malgré tout quand on a perdu ces illusions.

On vénère les artistes (surtout s'ils sont riches et célèbres) pour leur créativité et leur spontanéité. Ils ont des caprices « de star », d'enfants gâtés, satisfont tous leurs désirs et piquent de grosses colères quand ce n'est pas réalisable dans l'instant. Ce phénomène existe depuis toujours (les rois et les princesses se comportaient ainsi), et les artistes sont ce qu'ils sont justement parce qu'ils ont gardé cette part enfantine (infantile ?). Alec Guinness disait qu'un acteur n'a

1. Sur France 2, journal de vingt heures, 27 juillet 2001.
2. *Elle*, 9 avril 2001.

jamais plus de quatorze ans, et, à soixante-treize ans, Jerry Lewis raconte que le métier qu'il voudrait faire quand il sera plus grand, c'est « avoir neuf ans [1] ». Dans son spectacle, *Les Habits du dimanche*, le comédien François Morel se souvient de son enfance et déclare : « Plus tard, je voudrais être chef d'orchestre, trapéziste, artiste de music-hall, n'importe quoi, mais pas adulte. » La télé, les magazines se délectent à étaler et à commenter leurs frasques de gamins. Ces images légères et colorées viennent en contrepoint des nouvelles effrayantes du « vrai » monde, mais surtout, elles nous disent en secret que nous sommes tous des artistes réprimés et qu'on aurait bien le droit nous aussi... C'est sûr qu'à côté d'eux nos existences sentent un peu la routine et le renfermé. On redouble alors de fantaisie pour réussir à se lâcher aussi follement.

Une nouvelle difficulté attend désormais l'adulte à venir : le rétrécissement de l'espace-temps. La multiplication et l'accélération des transports, combinées à l'arrivée d'Internet et de toutes les technologies de communication, ont considérablement affecté notre rapport au temps. L'ubiquité et l'immédiateté règnent, et grâce aux progrès de la médecine, on se sent toujours un peu gamin à soixante ans et même plus. D'ailleurs, on ne ressemble pas du tout à son grand-père. La préoccupation principale des nouveaux vieux est donc la même que celle des jeunes gens de vingt ans : « Qu'est-ce que je vais faire de ma vie ? » Que faire d'un truc aussi court, et si long cependant (on meurt de plus en plus vieux) ? On va donc s'acharner à

1. Dans l'émission « Actor's Studio » sur Paris Première.

remplir cette existence de plaisirs variés, multiples, extrêmes. Car nous avons tous les droits désormais, sauf de ne pas être béats. Nous avons même des magasins pour ça, qui s'affichent « partenaire du bonheur ». Il faut vivre heureux, sinon la vie ne vaut d'être vécue.

Vêtements, voitures, maisons, vacances, tout se calcule et s'achète à l'aune de ce que cela m'apporte en termes de plaisir et d'image de moi-même. Tout ce narcissisme est un formidable moteur pour la consommation, et donc pour la croissance. Cela nous fait une belle économie nationale avec des chiffres à la hausse, et des politiques qui peuvent dire que c'est grâce à eux, des patrons qui disent que c'est *surtout* grâce à eux, et des consommateurs frénétiques qui constatent qu'en cédant à toutes leurs pulsions ils font de bons citoyens. Tout le monde est content.

Malgré tout, il faut savoir rester léger, ne pas se casser la tête. Pas facile quand on a autant de décisions délicates à prendre. Pour simplifier, on choisit ses amants, ses amis, ses animaux et on fait ses enfants, ses achats sur un coup de tête, coup de cœur. On n'aime pas les conflits, et encore moins les confrontations : courage, fuyons. Il paraît que c'est la conséquence d'un système émotionnel infantile. On veut retrouver la sécurité et le bien-être du monde d'avant, celui de l'enfance où l'on était protégé, où tout était dû. La liberté d'être soi-même va avec la nécessité de prendre des décisions, d'où fatigue, stress et erreurs. Dans ce contexte, l'enfant, pris en charge financièrement et intellectuellement, a un statut enviable. Son univers est restreint et sa vision du monde reste onirique. Grand ou pas tout à fait, on se veut au centre des conversations, au cœur des préoccupations, sous le feu des projecteurs : moi, mon boulot, mes femmes, mes amants, mes enfants.

Ce narcissisme mal digéré est pathologique. Papa Freud nous l'a bien expliqué : une phase de narcissisme primaire, jusqu'à cinq ans, est vitale pour se construire. Les enfants qui ont pu être reconnus, valorisés, aimés pour ce qu'ils étaient dans leurs premières années ont beaucoup plus de chances d'être équilibrés plus tard. Parce qu'ils auront été un objet d'intérêt pour leurs parents, ils sauront investir d'autres « objets d'amour » ; « les autres » en particulier seront reconnus pour ce qu'ils sont, et non comme substituts à un rêve d'amour perdu. Quand ce narcissisme se prolonge, il fabrique des êtres incapables d'écouter, de ressentir ceux qui l'entourent ou de s'y intéresser. « Les autres » ne deviennent bons qu'à une chose : servir les intérêts du narcissique attardé, qui les manipule en fonction de ses besoins et envies : je prends, je m'en sers, je jette.

Les enfants ont tendance à se voir en plus grand, plus beau, et mieux qu'ils ne le sont en réalité. Ils se vantent devant les autres et finissent par penser réellement ce qu'ils disent d'eux-mêmes. C'est rassurant d'avoir une telle importance à ses propres yeux. Chez un adulte, une trop haute estime de soi est une marque d'immaturité nettement moins attendrissante ; et pourtant, nous sommes tous des rebelles, plus personne n'est ordinaire, plus personne ne veut être anonyme dans la foule, on cherche des expériences intenses pour pouvoir les raconter et se faire mousser. L'idée est donc d'avoir des expériences *plus* intenses que celles de ses amis, collègues, voisins, cousins. Et surtout de le dire haut et fort.

Des attitudes floues

Notre modèle de développement débouche sur une impasse, pour d'autres parties du monde – ce qui n'est jamais très grave vu de ma télé – et pour nous, moi en particulier, ce qui l'est nettement plus. Pendant des siècles, les gens ont pu croire que la société, l'Église étaient en mesure d'apporter des solutions collectives à des problèmes communs. Elles fixaient l'ordre naturel des choses. Puis sont venues des tas d'idéologies plus enthousiasmantes les unes que les autres. Deux ou trois guerres et quelques millions de morts plus tard, on se sent tout vide et bien seul dans un monde hostile où, comble de la perversité, nous avons l'obligation d'avoir l'air radieux et en pleine forme.

Cette exhortation à être heureux a modifié jusqu'à notre façon de nous saluer. On ne dit plus « Bonjour », formule qui énonce un vœu pour une bonne journée, mais : « Ça va ? », deux petits mots qui sont à la fois Kalachnikov et bouclier. Kalachnikov, la question « Ça va ? », car elle contient déjà sa réponse : « Ça va », quand justement ça ne va pas et que ça nous tue d'avoir à le dire. Et plus la voix baisse en fin de phrase, moins ça va, justement. On est démasqué, mais on a heureusement ces quatre mêmes lettres en forme de bouclier, « Ça va », pour s'en sortir la tête haute. Car « Ça va ? » ne demande pas vraiment des nouvelles, c'est une formule performative, de l'ordre de la vérification. D'autres énoncés ont des conséquences bien plus graves, comme l'a souligné Pascal Bruckner. Méfiez-vous du : « Tu as l'air en pleine forme aujourd'hui. »

« Tombant sur nous à la façon d'une coulée de miel, ce compliment a valeur de consécration : dans le face à face des radieux et des grincheux, je suis du bon côté. Me voici, par la magie d'une phrase, placé au sommet d'une hiérarchie subtile et toujours mouvante. Mais le lendemain, un autre verdict tombe, impitoyable : "Comme tu as mauvaise mine." Ce constat me fusille à bout portant, m'arrache à la position splendide où je me croyais installé pour toujours. J'ai démérité de la caste des magnifiques, je suis un paria qui doit raser les murs, cacher son teint brouillé à tous [1]. » Dans une société qui ne jure que par l'apparence et la performance, il n'est pas de bon ton d'être triste et épuisé.

On se fixe des exigences terribles avec une peur énorme : ne pas tenir son rang, ne pas réussir comme on le devrait, ne pas être à la hauteur, ne pas « avoir l'air » suffisamment suffisant. Au XIXe siècle, le déshonneur frappait l'homme qui avait fait faillite, au début du XXIe, c'est l'homme en faillite de lui-même qui vit dans la honte et l'opprobre. Le but, c'est de réussir sa vie, de devenir riche et de le montrer. Chômage, précarité, incertitudes et petits harcèlements, les difficultés s'accroissent d'autant plus que le culte de l'égo fait loi. Et à moins qu'elle ne soit spectaculaire et éphémère, la solidarité qui pourrait offrir des solutions n'est plus de mise.

Pour préserver son amour-propre, on a recours à une stratégie bien connue, la comparaison avec les autres : on se situe entre les « mieux » et les « bien pire » que soi. Mais l'ingérence de plus en plus importante des médias, qui ont institué le culte de

1. Pascal Bruckner, *L'Euphorie perpétuelle*, *op. cit.*

la célébrité, menace de détruire ce mécanisme précaire. C'est énervant d'être sans cesse confronté aux images de réussite, de beauté et de richesse, en face desquelles chacun a l'impression d'être un raté. Le sentiment de « privation relative » – version sociologique de l'envie, péché capital – augmente cruellement.

Ainsi, en 1995, lors des grèves contre le gouvernement Juppé, un sondage avait montré que « pour la première fois » une majorité de gens croyait que le futur de leurs enfants ne serait pas meilleur que le leur. La première fois depuis la création du monde ? Ou la première fois depuis qu'on pose ce genre de questions collectivement ? La notion de progrès inéluctable, que l'on avait prise comme une donnée naturelle, d'ordre quasi divin, s'est écroulée. Après la désillusion communiste que nous reste-t-il ? Les repères vacillent, tandis que des experts tentent de nous apprendre à gérer les changements. Ils ont du boulot : les troubles de la personnalité se sont multipliés depuis que les structures sociales ont explosé. Tout n'est pas fichu, mais l'inconscient réagit à l'histoire avec lenteur, si bien que les modèles disparus sont toujours bien vivants dans notre esprit. Le réajustement permanent de nos valeurs engendre une angoisse qui nous pousse à prolonger interminablement nos adolescences. Le pédiatre Aldo Naouri s'en inquiète car « ces éternels enfants, adolescents inachevés constituent une proie délicieuse pour les rouages d'une société de plus en plus terrifiante dans son inhumanité [1] ».

1. Aldo Naouri, *Les Filles et leurs mères*, Odile Jacob, 1998.

Prenez vos désirs pour des réalités !

Le consumérisme a mis au point l'art de construire des machines culturelles et économiques qui transforment l'aliénation et le désespoir en consentement. L'*adhérence* à un système, plus forte encore que l'*adhésion*, est la meilleure façon de se croire intégré. Mais quand cela ne fonctionne pas, on met en œuvre d'autres défenses : « Pour éviter la souffrance de constater l'écart entre la réalité quotidienne et l'aspiration à une vie magnifique, les hommes ont inventé le déni, l'art de se prendre pour ce qu'ils ne sont pas, écrit Michel Onfray. Ils refusent de faire fonctionner leur conscience avec lucidité. On parle de bovarysme, pour qualifier ce drôle de talent. Au lieu de consentir à l'évidence d'une existence sans relief, sans joie, sans bonheur, sans plaisir, les individualités bovaryques se construisent une personnalité de substitution. Elles prennent, pour le dire dans un langage commun, leurs désirs pour la réalité[1]. » Ainsi, les survivants des années soixante font du bovarysme comme d'autres de la prose. Ils ont beau être près de la retraite, nombre d'entre eux se comportent encore en adolescents. Cet acharnement à faire jeune est pathétique et finit par lasser ; on a plus envie de classer tous ces ex-excentriques au rayon « vieux qui s'y croient encore » que de les admirer.

Michel Houellebecq estime que nous sommes obnubilés par le temps, et que cela nous conduit à d'amères conclusions : « Chacun a dans la tête une

1. Michel Onfray, *Antimanuel de philosophie*, Bréat, 2001.

perspective d'avenir simple : le moment viendra pour lui où la somme des jouissances physiques qui lui restent à attendre de la vie deviendra inférieure à la somme des douleurs[1]. » Si l'essentiel de la vie consiste à en mesurer et à en peser les jouissances et les douleurs, nous sommes amenés, « inéluctablement à partir d'un certain âge » mais parfois plus tôt, dit ce grand optimiste de Houellebecq, à nous poser la question du suicide. Peut-être pas tous, mais certainement les plus fragiles et les plus seuls. Les psychiatres constatent déjà qu'ils reçoivent de plus en plus de patients, et plus particulièrement des post-post-adolescents de vingt-quatre à trente-cinq ans qui ne voient pas quel sens donner à leur vie. Le nombre de suicides chez les individus de vingt à quarante ans est en hausse.

La loi à laquelle chacun sent confusément qu'il doit se plier dit que la souffrance psychique est inacceptable. Puisque chacun, pour son épanouissement, a droit à être en bonne santé, et puisque la médecine sait agir sur tous les états d'âme, la souffrance existentielle est systématiquement médicalisée, transformée en trouble psychique. On a recours aux psychotropes, et à défaut à l'alcool ou à d'autres produits psychoactifs. 13 % des Français prennent au moins occasionnellement des médicaments pour chasser leurs angoisses. La consommation d'antidépresseurs connaît la plus forte croissance depuis 1990 (elle a quadruplé depuis 1970), de même que les hypnotiques et les neuroleptiques. On invente des médicaments pour le bonheur (Prozac), contre la timidité (Paxil), pour la concentration (Ritaline).

1. Michel Houellebecq, *op. cit.*

Ils sont des réponses possibles à notre difficulté à exister. Le malheur des uns fait le bonheur des autres, notre désarroi construit l'immense fortune de l'industrie de consolation[1], les laboratoires pharmaceutiques.

Nouveau paradoxe, on revendique sa souffrance, on s'appuie dessus pour se forger une identité. Les ados le proclament à tout bout de champ : « Le monde est cruel, je suis un incompris, je suis malheureux. » Certains, parvenus à l'âge adulte, estiment encore qu'ils trouvent leur authenticité dans la souffrance. On la vénère, on la glorifie. Mes souffrances ont fait de moi ce que je suis (en bien ou en mal), elles m'ont forgé. Regardez comme j'ai réussi, malgré mes épreuves – quel courage, un vrai conte de fées. Regardez comme je me venge, comme je n'en peux plus de tant de malheurs, il faut me comprendre ; le voilà votre « vrai » monde, celui où les histoires finissent mal, c'est trop dur. On écrit des livres, on témoigne, à la radio, à la télé dans les *reality-shows* (qui ont remplacé le cirque, avec sa femme à barbe, l'éléphant-man, l'enfant sans oreilles), car on a de l'éducation désormais : on se dissèque, on s'analyse, on se raconte. Du moment que la souffrance reste contenue, réservée à des espaces délimités, à la télé principalement, et qu'elle ne vient pas empiéter sur notre vie, elle mérite notre attention ; le spectateur compatit et pleure avec cette souffrance qui ose se montrer, et il se sent tout à coup victime potentielle, il en est « affecté ».

Le sentiment d'insécurité, de mal-être assez généralisé, se traduit aussi par un besoin d'évasion qui se

1. Bertrand Leclair, *L'Industrie de la consolation*, Verticales, 1998.

manifeste par des attitudes cyniques ou paranoïaques. La méfiance s'installe, face à la vie et envers les autres, et même envers soi. On se sent démuni et on ne peut plus faire confiance à quiconque. Le journaliste et écrivain Patrick Besson s'alarme : « Si l'adulte gêne, c'est peut-être parce que tout le monde considère autrui comme un adversaire qui agit pour d'obscures raisons, par nihilisme ou par intérêt. C'est inquiétant tout de même cette façon de devoir être un enfant ou un vieillard pour se rassurer[1]. »

Au bout du compte, n'y aurait-il que l'alternative simpliste proposée par Beigbeder ? « D'un côté, ceux qui pensent que, foutu pour foutu, autant tirer son épingle du jeu pendant qu'on est là : les marchands, les financiers, les animateurs télé, les publicitaires, les hédonistes, les nihilistes. De l'autre, ceux qui craignent la fin du monde et tentent de protéger tout ce qui n'est pas encore détruit : les artistes, les écrivains, les résistants antimondialisation, les écolos, les poètes, les emmerdeurs, les ronchons. Cette dichotomie a supplanté la division gauche droite depuis la chute du mur de Berlin. » Mais le monde reste toujours coupé en deux, le méchant étant toujours *l'autre*. D'un côté, des cyniques, égoïstes et profiteurs ; de l'autre, des rebelles, généreux, rêveurs.

Les tenants de l'antipsychiatrie avaient démontré les difficultés que rencontre tout individu face à ce qu'on appelle un message paradoxal (ou double lien) qui délivre simultanément une injonction et son contraire. La société est coutumière de ces messages

1. *Lire*, juin 2001.

paradoxaux. L'État répète que le tabac est dangereux mais il en détient le monopole et en vend aux citoyens. Même contradiction avec l'alcool, la vitesse des automobiles, les annonces alléchantes et obsédantes pour dépenser plus, et la réalité toujours décevante du porte-monnaie. « Comment ne pas éprouver une souffrance psychique dans une société qui vous contraint et vous pousse à enfreindre cette contrainte ? » demande Édouard Zarifian[1]. Cette souffrance mène souvent à la dépression, pandémie rampante, où domine un sentiment de vide, d'apathie et de perte d'intérêt. Pour Alain Ehrenberg, la dépression est une « maladie de la responsabilité dans laquelle domine le sentiment d'insuffisance. Le déprimé n'est pas à la hauteur, il est fatigué d'avoir à devenir lui-même[2] ». Il est bien plus difficile de se sentir « bien », ou même seulement « soi », lorsque l'on a le sentiment d'être seul et d'avoir à prouver le bien-fondé de son existence. Avec l'implacable exigence de résultats : réussite et sourire aux lèvres.

Or, à force de zapper les copains et les partenaires au moindre fléchissement, on se sent très seul, seul contre tous. On craint la solitude. Cela fait *loser*. Il faut meubler, se faire de « nouveaux amis » pour avoir de nouveau l'impression d'exister. Guy Corneau rappelle : « La peur de l'intimité vient de l'absence de contact avec sa force profonde[3]. »

---

1. *Sciences et Avenir*, « Les folies ordinaires », hors-série avril-mai 2000.
2. Alain Ehrenberg, *op. cit.*
3. Guy Corneau, *op. cit.*

Des repères incertains

Pour l'apaisement, le salut, la rédemption, on se tourne vers les « nouvelles religions », plus fraîches, plus authentiques et plus personnalisées que les traditionnelles, qui sont collectives et dogmatiques. Dans le succès des sectes, il faut voir le besoin de comprendre, de se rassurer, comme s'il existait quelque part une clé. Cette soif d'absolu, de mystère, est une recherche typique des ados. Les adultes d'avant, eux, ne s'en laissaient pas conter. Les rêves, c'était interdit après « un certain âge ». Et, quand on a une religion ou une croyance, on s'arrange avec elle car on est « sur une voie, individuellement négociée, de rapport de soi à une spiritualité librement agencée », dit Jean-Frédéric Schaub, historien à l'École des hautes études en sciences sociales[1]. Aujourd'hui, on est facilement bouddhiste, et pour sa méditation quotidienne on allume des bâtons d'encens et une bougie parfumée. Le dalaï-lama est notre dernière idole. Pas dupe, Pascal Bruckner le voit « venu d'exil, tel un Moïse asiate descendu de son Himalaya pour nous révéler des vérités essentielles, porteur d'une histoire et d'une culture extraordinaires et d'une tradition merveilleuse[2] ». Bien sûr, il s'est transformé en gourou mondain, à qui tous veulent avoir parlé (sauf les chefs de gouvernement – sans doute parce que son but est avant tout politique). Les stars hollywoodiennes en raffolent, mais elles adorent aussi Deepak Chopra, qui affirme que la sénilité, l'infirmité et la mort appartiennent

1. *Le Monde des débats*, juillet-août 2001.
2. Pascal Bruckner, *L'Euphorie perpétuelle*, *op. cit.*

au passé alors que le temps est venu de laisser libre cours à la créativité, à la joie, à la réalisation de soi, et à sa vitalité profonde, éternelle. Chacun sa recette ; dans *Psychologies*, des individus détaillent le « kit spirituel » qu'ils se sont constitué : « Sur leur autel, des objets variés qui les inspirent et les incitent à ne pas se contenter de leur seule réalité matérielle [1]. » Une clé de *sol* en fil de fer et une bougie, une icône et un zafu, la photo d'un Indien tirant à l'arc et une sculpture de tête portant couronne, la photo d'un frère disparu et un jeu de Yi-king. On fait des retraites, dans les monastères chrétiens ou bouddhiques, pour se retrouver soi-même, loin du monde, et en revenir « chargé de bonnes énergies ».

Aux États-Unis, les livres mystiques sont des best-sellers. Karen Armstrong, une religieuse défroquée, qui se dit désormais « monothéiste freelance », publie une vie de Bouddha et reste quatre mois en tête des ventes tous livres confondus. *The Prayer of Jabez*, du pasteur évangéliste Bruce Wilkinson, tiré du livre des Chroniques de l'Ancien Testament et réadapté pour le croyant du XXIe siècle, est en tête des ventes du classement du *New York Times* des livres de psychologie pratique. En France aussi, le spirituel venu d'outre-Atlantique est gagnant. Après la vague de James Redfield et de sa *Prophétie des Andes*, les différents épisodes des *Conversations avec Dieu*, de Neal Donald Walsch, se sont vendus à cinq millions d'exemplaires depuis 1992, même s'il y est écrit que Hitler n'a jamais fait de mal à personne. Chaque nouveau livre sur le dalaï-lama est un *must*. On se souvient du succès invraisemblable de *L'Alchimiste*, de Paulo Coelho.

1. *Psychologies*, décembre 1999.

Internet répond à toutes les quêtes. En 1998, une étude du cabinet Barna Research Associates a montré que 12 % des adultes avaient été surfer sur le Net dans un but religieux. On peut désormais pratiquer et suivre une religion depuis chez soi. C'est autorisé par le code. Et si on voyage avec son portable, on peut suivre la messe ou toute autre cérémonie indispensable sur Internet. Dieu vient chez vous. Transportez-le partout. En plus, on peut choisir. Il y a des sites pour cela, selectsmart.com ou beliefnet.com (près de deux millions de visiteurs par mois depuis janvier 2000), qui permettent de définir son profil spirituel, en fonction duquel on vous propose la religion la plus adaptée. Avec, bien sûr, tous les liens pour s'y rendre. Le pèlerinage du XXIe siècle est électronique. Le filon est planétaire.

À l'adolescence, on se construisait sa propre conception du monde à force de cogiter sec entre les quatre murs de sa chambre. Aujourd'hui, on doit affronter l'effarante complexité du monde, claquemuré dans son ego. C'est pourquoi on dit merci à ces voies nouvelles qui « répondent à des attentes individuelles, offrent le visage du sur-mesure et relèvent du prêt-à-porter[1] ». On aime cette personnalisation et ce grand mélange, métissage d'ésotérisme, d'écologie et de vieilles légendes. On se croit libre parce qu'on se fait sa croyance à soi, un mélange de bouddhisme, de catholicisme, de kabbale et d'interprétations personnelles. On est à nouveau face à un paradoxe : chacun mène pour soi une recherche de l'unicité, de l'originalité, de l'authenticité, mais elle aboutit à une conformité préfabriquée, préformatée.

1. Jean-Frédéric Schaub, *Le Monde des débats*, juillet-août 2001.

En médecine aussi, on tente d'aller voir ailleurs. Pourquoi les pierres n'auraient-elles pas le pouvoir de guérir ? L'homéopathie, la naturopathie, la chromothérapie, la musicothérapie, l'action sur les énergies, nos ondes et nos cellules, ce n'est pas prouvé scientifiquement, et alors ? Dieu non plus. En revanche, on a su parfaitement démontrer pourquoi le communisme, le fascisme, sans doute même le nazisme, et aujourd'hui le libéralisme étaient la seule et unique voie possible pour l'humanité, à tout jamais. Leur bilan laisse toute latitude pour l'exploration, l'improvisation et les mystifications.

L'avis des autres

Mais il n'est jamais facile de ne pas être reconnu, de ne pas être « intégré » aux valeurs dominantes, alors parfois on préfère coller aux valeurs sûres : rien ne vaut la sécurité. Ce n'est peut-être plus celle du paradis tant promis, mais au moins celle de paraître « normal », et surtout bien dans sa peau. Le recours systématique à des gens qui « savent mieux » est dans cette « normalité ». Les psys sont partout, on leur demande leur avis, leurs lumières, leur éclairage, leur point de vue pour tout, pour les « jeunes », les sportifs, les artistes, dans l'entreprise, à l'école, dans la politique, les banlieues, et bien sûr, miroir de la vacuité ambiante, dans « Loft story ». C'est creux, mais c'est le spécialiste qui l'a dit. Il sait. C'est notre nouveau totem.

On fait comme les adolescents ; on n'est pas sûr de soi, on écoute le dernier qui a parlé, surtout s'il a « bien » parlé, on est influençable. On ne sait plus faire, il faut des gourous, des *coaches* pour tout : un *coach* nutritionniste, un pour se maintenir en forme, un pour « gérer son stress », un pour avoir le bon look. Le « développement personnel » est au centre des formations professionnelles et des techniques de *management*. Les patrons forment leurs employés à la performance, à l'« autonomie » – qui serait mieux nommée « business-nomie ». Les psys, les *coaches*, les *counselors* sont les nouveaux référents. Nous croyons qu'ils nous apprennent la liberté parce que nous nous sentons mieux. On nous a mis en petits groupes et on s'est occupé de nous. Nous avons travaillé tous ensemble pour nous sentir mieux en donnant du sens à ce que nous faisons. Désormais, nous sommes prêts à tous les sacrifices pour défendre notre compagnie. C'est elle qui nous nourrit, et si nous ne sommes pas assez performants, à la hauteur, adaptables, flexibles, transformables, nous serons abandonnés dans la grande forêt sombre, et sans cailloux.

Bien sûr, les *coaches* manipulent notre inconscient et nos comportements, mais tant mieux, puisqu'il s'agit de trouver des réponses faciles et immédiates, et qu'on n'a plus confiance en soi, en sa capacité à réfléchir, à s'adapter, à inventer. Les livres de psychologie pratique, *how to*, abondent : comment élever son enfant, bien se nourrir, ne pas se faire mal au dos, dynamiser son personnel, demander une augmentation, dire non à son voisin, chouchouter son mari, maigrir efficacement.

Cette prise en compte du psychisme est une donnée encore récente. Les années soixante-dix ont vu la floraison de la psychanalyse, Lacan était le grand maître à penser, on ne comprenait rien et c'était d'autant mieux. Cela voulait dire qu'il en savait plus que nous, pauvres ignorants. Depuis, on a grandi, Lacan est mort, la psychanalyse n'est plus autant à la mode. Il nous faut des solutions rapides, efficaces, mesurables. Les voilà, ce sont les thérapies comportementales et cognitives. Elles tombent bien, on est bourré de tics, de TOC (troubles obsessionnels compulsifs) et de phobies. On s'intéresse à son ego. On a des magazines et des sites Internet spécialisés, et tous les magazines masculins ou féminins ont leur page « psy » ou « société » ; ils nous disent mille et un trucs pour maigrir malin, tenir plus de trois minutes pendant l'acte sexuel, garder sa libido en bon état, sortir vivant d'un crash d'avion, survivre à une crise cardiaque, à une dispute conjugale, camoufler ses rides, diagnostiquer soi-même l'état de sa prostate, perdre sa cellulite, faire l'amour tous les jours jusqu'au dernier jour. Pour Pascal Bruckner, ce n'est rien d'autre qu'un « catalogue de délits potentiels. [...] Le divertissement est ici inséparable du redressement[1] ». À l'école, les professeurs notaient régulièrement : « peut mieux faire » ; aujourd'hui, ce sont nos parents-rédacteurs qui le disent, donc c'est la vérité. Si on me dit comment faire, c'est parce que j'ai sûrement l'air de ne pas savoir m'y prendre, je suis mal dans ma peau d'adulte, dans ce monde agressif et exigeant, je dois faire des efforts et écouter cette bonne parole. J'ai bien besoin d'être aidé. Voici le grand frère ou la grande sœur qui vient nous murmurer à l'oreille ses conseils, à nous, la bleusaille tartignolle.

Ces magazines, ces émissions, ces sites Internet sont d'utilité publique, c'est de l'humanitaire pour

1. Pascal Bruckner, *L'Euphorie perpétuelle*, *op. cit.*

repus du progrès : ils aident les gens à améliorer leur santé physique, à trouver et à garder un emploi de qualité ou l'appartement de leurs rêves, à augmenter leur fortune, à attirer l'homme de leur vie (ou femme, cela marche aussi), ou les aident à y voir clair pour un avenir meilleur. Parce qu'il est difficile de croire en quoi que ce soit, on est prêt à croire en tout. Et même, à tout croire. Il est loin le temps où Mme Irma restait dans sa roulotte. Les astrologues et voyants ont pignon sur rue et des rubriques dans tous les médias. Rien de plus chic que d'aller les consulter. Tous les hommes politiques le font, les artistes et les grands patrons aussi. Ils ne s'en vantent pas, mais Élisabeth Teissier obtient un doctorat à la Sorbonne. On fait dans le magique à fond, puisque au fond on y croit tous encore un peu. Une recette pour augmenter les ventes de votre magasin ? Balayez devant la porte, le bureau ou les locaux, et répandez du sel sur le seuil en disant « Éloigne toute négativité de moi, que l'argent vienne et prospère ». Et pour l'augmenter encore, plantez donc du persil, qui va en plus améliorer vos câlins. La veille d'un rendez-vous galant, préparez une potion magique : mettez une cuillerée de sucre mélangée à une noix de muscade, un aphrodisiaque bien connu, dans un demi-verre d'eau chaude et buvez[1]. N'y allez pas par quatre chemins, changez de nom s'il le faut. À nous les noms qui attirent le succès. Des noms joyeux, comme Sérénité, Joy ou Désirée. Connaissant leur public, les articles mélangent science, psychologie et kabbale pour donner de

1. Conseils donnés dans un numéro de juin 2001 de *The Evening Standard.*

bons exemples. Après tout, si on n'est pas capable comme Madonna et Jerry Hall de porter un petit sachet de sel ou un tissu rouge qui nous protégeront du mauvais œil, tant pis pour nous ; c'est pour cela qu'on n'est pas dans le journal mais qu'on se contente de le lire.

Chapitre 7

Hommes, femmes, mode d'emploi

Les images, les fonctions, les rôles masculins et féminins ont changé. Auparavant, les hommes étaient forcés d'assumer des responsabilités. Le monde était ainsi fait qu'il y avait des décisions à prendre. Demander une demoiselle en mariage, prendre en charge les enfants qui arrivaient, nourrir tout ce petit monde. On était parfois même appelé à partir à la guerre. On y allait sans trop poser de questions. Dans la seconde moitié du XXe siècle, les femmes ont conquis des droits inédits. Elles ont des enfants si elles veulent, quand elles veulent, avec qui elles veulent, et seront peut-être un jour aussi nombreuses en politique que les hommes. Elles ont conquis leur liberté de haute lutte et comptent bien l'utiliser. Il ne reste plus grand-chose aux hommes, qui se sentent un peu mal et plus très mâles. Avec tous ces bouleversements, leur identité même d'homme, puis de père, vacille. Le changement ne leur est pas familier. Ils ont des excuses : leur vie à eux s'écoule sans marqueurs biologiques et affectifs notables, alors que le temps des femmes est rythmé chaque mois.

Il faut aujourd'hui trouver de nouveaux modes de cohabitation, des arrangements, où chacun doit creuser son trou, faire sa place, sachant que chacun veut construire ou préserver son bonheur à soi, son épanouissement. Celui des siens aussi, et donc des enfants. Ceux-ci n'ont plus du tout le même statut qu'hier. Philippe Brénot rappelle que, dans la société traditionnelle, l'adulte restait toujours l'enfant de ses parents jusqu'à leur mort, « inféodé à ses parents [1] ». L'enfant vivait dans la servitude à l'égard de ses parents. Il savait qu'un jour lui aussi aurait des enfants qui lui devraient respect, obéissance, et assistance si nécessaire. C'était un ordre inéluctable. Mais dans une société qui exalte l'individu roi, et lui assène son indépendance, cette règle devient obsolète. Ainsi les adultes, ne sachant plus trop comment faire l'adulte, se trouvent face à des enfants qu'ils considèrent comme des « personnes ». « Responsabilisés » dès leur plus jeune âge, ceux-ci sont les premiers spectateurs des réactions ou des comportements immatures de leurs parents et des autres adultes.

1. Philippe Brénot, *Inventer le couple*, Odile Jacob, 2001.

Elles et ils

> *« Tu ne connais pas mes problèmes de femmes ! Tu ne sais rien des femmes ! Tu ne comprends rien aux femmes ! D'ailleurs, tu n'es même pas une femme ! »*
>
> Une septuagénaire irritée s'adressant à son mari, dans *L'amour triomphe toujours*, VOUTCH.

Être une femme libérée...

Les femmes reviennent de loin. Démosthène avait une vision simple de l'utilité d'une femme, assez proche finalement de celle des bourgeois du XIXe siècle : « Nous avons des épouses pour faire des enfants, des hétaïres pour nous distraire, des esclaves pour en jouir. » Aristote les a qualifiées entre autres de « mâles estropiés », « mâles sinistrés inférieurs », « erreurs de la nature », ou encore de « mâles stériles ». Avec Aristote, le mâle est le seul géniteur, la femelle n'est qu'une couveuse. L'influence de ses idées et son mépris de la femme traverseront sans encombre les deux millénaires suivants. Jean-Jacques Rousseau a bien appris sa leçon et la retransmet dans *L'Émile* : « La femme est faite pour céder à l'homme, et pour supporter même son injustice. » Pendant des siècles, la femme fut ainsi « à la fois idéalisée et soumise », dit Philippe Brénot. La remise en cause de cet ordre millénaire est donc toute récente.

La « libération de la femme » a commencé au XXe siècle, en plusieurs étapes législatives. Il fallait bien des lois pour enclencher le changement. Les esprits et les croyances suivent ou non le mouvement. En 1944, elles obtiennent le droit de vote. Au cours des décennies suivantes, les choses s'accélèrent. En 1956, Gregory Pincus et John Rock mettent au point la pilule contraceptive, onze ans plus tard elle est autorisée en France. En 1970, le mari perd son titre de chef de famille, qui vous avait un petit air « chef de tribu ». Désormais la mère et le père jouissent de l'autorité parentale conjointe. En 1975, l'avortement est autorisé, et remboursé par la Sécu. Il faut attendre 1985 pour qu'une loi donne à la femme un droit égal à celui du mari dans la gestion des biens de famille et de ceux des enfants. Passons sous silence la loi Roudy de 1983 sur l'égalité professionnelle des hommes et des femmes, tant elle a du mal à faire son chemin jusque sur les fiches de paie.

Et pourtant, les femmes sont plus nombreuses que les hommes à faire des études supérieures. Elles ont pour la plupart une activité professionnelle, donc une autonomie financière. Leur poids dans le couple s'est sensiblement accru, comme dans la consommation ou la vie institutionnelle. C'en est fini de l'homme gagne-pain et de la femme maîtresse de maison. « Mais on n'abandonne pas aussi facilement une position dominante très ancienne, note le sociologue Philippe Brénot, et de nombreux conflits de couples sont animés par la nostalgie masculine du pouvoir, même si les raisons alléguées en sont tout autres [1]. » Cela ne freine pas l'inexorable montée des valeurs féminines dans les pays développés. Dans le

1. Philippe Brénot, *op. cit.*

monde du travail, les qualités féminines sont de plus en plus cotées. Si, en plus, toutes les femmes pouvaient ressembler à Lara Croft, sexy en diable et plus forte que tous, ce serait l'idéal. Plus sérieusement, en Grande-Bretagne, on découvre que les mères font d'excellents managers. « Vous êtes habituées à faire face à des exigences exorbitantes, à comprendre les besoins des personnes, à gérer un budget, à manager des situations difficiles, vous êtes expertes en gestion du temps, et maîtrisez le "polyphasage" (savoir faire correctement plusieurs choses à la fois), s'extasie le Dr Aric Sigman, psychologue consultant : Vous valez votre pesant d'or[1] ! » Aux États-Unis, le magazine *Business Week* consacre cinq pages à la supériorité des femmes dans le rôle de chef, et annonce les résultats d'une étude qui prouvent que les femmes dirigeantes surpassent leurs homologues masculins dans presque toutes les tâches. Le plus amusant dans ces résultats, c'est qu'au départ l'enquête ne visait pas à étudier les différences entre les sexes, mais à évaluer les résultats globaux des cadres dirigeants d'une entreprise[2].

Même au Japon, où la femme mariée a pendant des décennies été cantonnée au rôle de *sengyo shufu* – femme au foyer –, l'émergence de figures de *business women* est inexorable. À tel point que « la femme japonaise est aujourd'hui présentée dans les médias comme étant plus forte que l'homme face à la crise », note Jean-Marie Bouissou, chercheur au Centre d'études et de recherches internationales[3].

1. *Hello*, avril 2001.
2. *Business Week*, 27 novembre 2000.
3. *Les Échos*, 12 juin 2001.

Désormais, l'esprit d'entreprise proprement féminin est mis en avant, et dans ce domaine les femmes de tous pays (développés) n'ont peur de rien.

On voit aussi émerger des femmes dans des domaines autrefois réservés au sexe fort, comme les expéditions en milieu hostile, les reportages de guerre, les photographies d'animaux sauvages. « Elles nous obligent ainsi à reconsidérer nos limites, notre capacité d'avoir du cran, de prendre ou non notre vie en main, de nous sentir plus vrais, d'être plus libres [1]. » Il faut donc se montrer libérée, à tout prix, et la défendre, sa libération sous condition.

Les Chiennes de garde apparaissent au printemps 1999, en signant un manifeste pour réagir aux insultes sexistes proférées à l'encontre de Dominique Voynet, ministre de l'Agriculture, au salon éponyme. De plus en plus nombreuses sont les voix qui s'élèvent pour défendre les femmes qui veulent à la fois travailler et avoir des enfants.

Une espèce nouvelle est en train de naître : la femme « adulte », qui réclame le droit à prendre sa vie en main. Dans la société, elle exige des espaces de liberté, et à la maison, un partage des charges. Paradoxalement chez elle, l'immaturité serait plutôt vécue comme une libération. Le droit de s'amuser, de sortir de son rôle traditionnel de « conservation ». Si elle rate son virage, elle pourrait bien finir par ressembler à celle que décrit Houellebecq : « Elle a voulu rester jeune, c'est tout... Elle a eu envie de fréquenter des jeunes, et surtout pas ses

1. Dossier de presse du livre de Catherine Revezy, *Femmes d'aventure*, Odile Jacob, 2001.

enfants, qui lui rappelaient qu'elle appartenait à une ancienne génération [1]. »

Mais l'envie d'être libre et de s'accomplir entre en conflit avec l'exigence d'une relation durable et gratifiante. Oui, les femmes apprécient leurs conquêtes de libertés, de droits, de parité, et veulent elles aussi s'amuser plus et jouir mieux, mais elles méritent de surcroît des hommes solides, des « mâles » pour les faire rêver.

À la recherche des hommes perdus

Le prince charmant n'étant toujours pas au rendez-vous, rien n'a changé de ce côté-là. « Le décalage le plus grave entre les sexes, c'est peut-être celui des attentes vis-à-vis du couple, explique Jean-Claude Kaufmann. Elles sont en quête d'un partenaire capable de communication intime. Eux recherchent plutôt une réponse à leurs besoins sexuels et à leurs problèmes ménagers [2]. » Quel dommage pour les femmes qui rêveraient de lui montrer qu'il n'a pas le monopole sur le monde extérieur, puisque désormais elle maîtrise sa fécondité ! Et ce serait tellement beau si le « paternage » pouvait entrer en scène ! Un vrai fantasme féminin, bien représenté dans la pub où l'on voit un homme allaiter un nouveau-né, avec ce commentaire : « Les femmes ne s'intéressent plus qu'à leur voiture. » Pendant que je m'épanouis – dans mon travail, mon sport, mes loisirs, mon développement personnel –, occupe-toi donc des enfants. À chacun sa liberté. Mais là

1. Michel Houellebecq, *op. cit.*

2. Jean-Claude Kaufmann, *La Femme seule et le prince charmant*, Nathan, collection « Pocket », 1999.

où les femmes se sont battues pour se faire respecter, comme en Amérique du Nord, elles se plaignent massivement de la veulerie et de l'immaturité masculines. Une Québécoise venue s'installer à Paris déclare : « Ça devient affreux là-bas. Les hommes n'osent plus aborder une femme, ils pourraient être accusés de harcèlement. C'est aux femmes désormais de donner un signal. OK, tu peux me draguer. C'est nul, il n'y a plus de séduction, ou alors seulement entre homos... »

Les hommes ont perdu leur statut de chef de famille, et celui de chef tout court. Le psychiatre Jacques-Antoine Malarewicz parle de l'« extraordinaire dépendance de l'homme à la femme, qui organise et planifie non seulement la vie de la famille mais la vie de couple[1] ». Dans les couples qui cultivent l'égalité, de plus en plus d'hommes sont en position de soumission, surtout quand la femme a « de la personnalité ». Pour Philippe Brénot, cela n'est pas problématique en soi, mais « il n'est jamais facile de vivre une situation d'égalité si les sujets ne sont pas totalement matures et autonomes[2] ». Jacques Braunstein, dans *Elle*, en donne un bon exemple : « Disons-le tout net : ici et maintenant, la domination féminine est un fait. Nous, les hommes, on se fait beaux pour vous plaire, on travaille huit heures par jour devant un ordinateur, accomplissant des tâches que nos grands-pères auraient qualifiées de subalternes, et les aventures sexuelles de *people* occupent nos conversations tout autant que les

1. Jacques-Antoine Malarewicz, *Repenser le couple*, Robert Laffont, 2001.
2. Philippe Brénot, *op. cit.*

vôtres[1]. » Bien sûr, la réalité est parfois toute différente, mais qu'importe, notre société avance à coup d'images et de messages slogans. Au printemps 2001, l'Assemblée nationale vote une loi autorisant les parents à choisir le nom de famille de leur enfant, celui du père ou celui de la mère. C'en est fini du nom « patronymique », voici les matronymes. Certains le vivent assez mal : « On reparlera d'égalité quand les hommes pourront être enceints », disent-ils.

C'est fatigant pour les hommes d'avoir ainsi tout à prouver. Prouver qu'ils ont des sentiments, qu'ils ont envie de s'occuper des tâches domestiques et des enfants, qu'ils sont capables d'être seuls. Ils ont peur de mal faire, d'être jugés et mal notés. C'est le monde à l'envers, car pendant des siècles la crainte de ce que pense le conjoint a été uniquement féminine. Désormais, ce sont les hommes qui doivent se conformer à ce que l'on attend d'eux. Les rôles traditionnels sont bouleversés. 2 % des jeunes pères demandent un congé parental. Les hommes sont de plus en plus nombreux (16 %) à réclamer la garde de leurs enfants. Au moment du divorce, près de un jugement sur dix conclut à la résidence de l'enfant chez eux. Mais cette quête de la garde de l'enfant apparaît comme un nouveau Graal dans lequel un certain nombre de pères cherchent avant tout à se rassurer et à obtenir de l'amour. Un amour qui rime avec toujours, indéboulonnable, personne ne peut me l'enlever. Et si on veut me l'enlever, je me suicide et mes raisons de vivre avec moi. On peut s'interroger sur ces hommes, anéantis à juste titre par la

1. *Elle*, 9 avril 2001.

dépossession de leurs enfants, qui en arrivent à des solutions aussi démentes.

La banale histoire du monsieur qui a franchi la quarantaine et quitte brutalement son épouse et leurs enfants se joue plus que jamais ; il refait « sa » vie avec une plus jeune, qui lui demandera bientôt un bébé. Cet enfant tout neuf sera aussi une façon de prolonger sa jeunesse. Non seulement c'est la preuve criante de sa pétulante virilité, mais en plus ce bébé apporte un souffle de fraîcheur, une eau de jouvence. On comble son ennui, on remet à plus tard la désagréable prise de conscience de son vieillissement. On refuse, on ne veut rien voir. On est « capable » de tomber encore amoureux, « capable » de séduire. Le démon de midi a toujours existé, mais quand l'individu et ses choix sont sans cesse glorifiés, on n'invoque plus des forces obscures qui auraient poussé à la faute, mais une simple et désormais bien légitime envie. On les aime bien, ces quinquas connus prêts à tout risquer, capables de tout lâcher pour suivre leurs... envies. Les médias, en ayant l'air de s'en indigner, ne font qu'encenser tant d'audace et saluent unanimement la chair fraîche et jolie de la nouvelle venue.

Parfois, il est moins contraignant de tout plaquer et de partir seul faire le tour de monde. Mais les archétypes demeurent, Dom Juan ou éternel petit garçon accroché à sa maman (comme le chante Doc Gynéco dans l'une de ses dernières chansons : « Devant la femme, Bruno est à genoux, moitié homme, moitié enfant, je vous appellerai toutes maman »).

Si les hommes d'aujourd'hui paraissent bien souvent plus immatures que les femmes, c'est qu'ils savent encore moins qu'elles où ils en sont :

« L'homme est une femme comme les autres », ainsi titre un film de la fin des années quatre-vingt-dix... Jean-Claude Kaufmann leur trouve un certain nombre d'excuses : « Ces hommes si malheureux de perdre leur jeunesse ne font pas le poids face aux femmes de leur âge. Elles ont été de brillantes pionnières. Elles ont refaçonné le monde. Eux rasent les murs. Ils savent qu'ils ne peuvent plus être des machos, on leur demande de rester des hommes. Ils sont paumés[1]. » Guy Corneau a expliqué pourquoi les hommes préfèrent les sociétés où la structure est clairement définie ; modèle patriarcal où l'autorité masculine n'est pas remise en question, ou même société matriarcale, parce qu'ils n'ont pas à prouver sans cesse qu'ils sont des hommes et à lutter pour un pouvoir « que de toute façon ils n'ont pas[2] ». Jacques Braunstein ne dit pas autre chose : « Laissez-nous, un soir, de temps en temps, vivre nos rêves de petits garçons[3]. »

Aujourd'hui, les hommes, bousculés par le féminisme et confrontés à la recomposition des familles, se posent – enfin – des questions sur ce qu'ils sont et pourraient être. Des personnes et pas seulement des mâles. Des compagnons, des pères affectueux. Et responsables ?

Trouver une nouvelle stabilité

Les couples d'aujourd'hui durent le temps de s'aimer. *L'amour dure trois ans*, c'est le titre d'un livre de Beigbeder, nous voilà prévenus. Résultat :

1. Jean-Claude Kaufmann, *op. cit.*
2. Guy Corneau, *op. cit.*
3. *Elle*, 21 mai 2001.

divorces en hausse, mariages en baisse, et nouveaux modes d'« être ensemble », où l'on n'est d'ailleurs pas si ensemble que cela.

Saint Paul n'a pas inventé le mariage chrétien. Celui-ci a été célébré pour la première fois au XIIe siècle, et c'est seulement depuis que les deux époux font un seul et même corps. Ils sont un. Mais des deux parties ainsi réunies, l'une a longtemps été supérieure à l'autre, et cette inégalité entre époux fut une garantie de stabilité sociale. Francesco Alberoni rappelle que « dans le domaine de l'érotisme et de l'amour, le monde ancien avait des règles morales rigides. Il prohibait l'inceste, fixait des obligations conjugales, condamnait l'adultère, la rupture de la promesse de mariage, et décrétait l'obligation d'épouser la jeune fille enceinte [1] ». Ces règles immuables maintenaient la femme dans la dépendance tandis que l'homme possédait les biens et le savoir.

L'union entre époux constituait une unité économique essentielle dans la société, et la notion de couple restait étrangère à ce mariage traditionnel, comme le souligne Philippe Brénot : « Que les deux conjoints s'aiment ou finissent par s'aimer est finalement une condition non nécessaire. [...] Dans la majorité des cas, le mariage recouvre un projet d'alliance, de conservation du patrimoine, un échange de femmes et un apport de biens [2]. » Il a fallu des siècles pour que les raisons premières, économiques, de l'union d'un homme et d'une femme passent au second plan.

1. Francesco Alberoni, *Je t'aime*, Pocket, 1998.
2. Philippe Brénot, *op. cit.*

Les relations érotiques et amoureuses sont de plus en plus laissées à la libre expression individuelle et au plaisir. Cela n'améliore pas forcément les relations de couple. En fait, dit l'analyste jungienne Jan Bauer, il n'y a jamais eu d'intimité réelle entre les sexes avant aujourd'hui. Pour Guy Corneau, si aujourd'hui encore il n'existe pas d'intimité entre les sexes, ni d'ailleurs chez les gens d'un même sexe, c'est parce que la plupart des êtres n'en ont pas avec eux-mêmes. Ils ne se connaissent pas, ne veulent rien savoir d'eux-mêmes et de leurs aspirations profondes. L'individualisme exacerbé d'aujourd'hui n'a en effet rien à voir avec cette intimité-là.

En quelques années, à la suite de 1968, nous sommes passés d'une morale du devoir à une éthique de liberté. Le lien familial est plus électif qu'institué. On s'aime parce qu'on s'est choisi. On se choisit tant qu'on s'aime. L'écrivaine Katherine Pancol déclare : « Je crois que l'essentiel est de suivre ses envies, d'être prêt à foncer à tout moment en sachant que rien n'est éternel[1]. » Cet avènement de l'amour est relativement nouveau, dit Philippe Brénot : « Autrefois le couple avait peu d'intimité, peu ou pas d'espace personnel, parfois même pas de lit conjugal, et l'amour n'avait aucune liberté pour s'exprimer. La famille était au devant de la scène[2]. »

Désormais, la conception traditionnelle du mariage n'a plus court. Chacun aménage sa vie comme il l'entend, partage ou non le quotidien, et organise à sa façon les rôles de la vie commune : « Le couple est une affaire privée, fondée sur un

1. *Elle*, 9 avril 2001.
2. Philippe Brénot, *op. cit.*

sentiment singulier qui doit demeurer “pur” de toute normalisation externe. Amour et obligation s’excluent absolument[1]. » Le couple vit une « révolution pernicieuse », dit Willy Pasini[2], depuis que sa finalité n’est plus la procréation mais le bonheur individuel de chacun de ceux qui le composent. C’est plus embêtant quand il y a des enfants, car leur expliquer que « les maris et les femmes divorcent mais pas les papas et les mamans » est joli, mais pas toujours suffisant pour apaiser leur chagrin. Les couples DINK, *double income no kids* (deux revenus, pas d’enfants), triomphent ; ces nouveaux yuppies, qui ont entre vingt-cinq et quarante ans, sont ensemble pour le plaisir et sans contrainte, tant qu’il y a du plaisir. Entre quelques mois et quelques années. Ce refus de l’engagement rappelle celui des ados, qui passent d’une aventure à une autre, sans se préoccuper des dommages qu’ils font. Mais de quel amour parle-t-on ? s’interroge Francesco Alberoni. Il serait temps de faire la différence entre l’amour profond et les engouements, caprices ou toquades passagères. « Un grand nombre de gens s’indignent en entendant parler de responsabilité. S’il est vrai que nous ne pouvons pas nous forcer à aimer celui que nous n’aimons pas, il est tout aussi vrai que nous pouvons agir avec prudence, le traiter aimablement, l’aider dans le besoin et respecter sa dignité et sa valeur[3]. » Sinon, ce n’est rien d’autre

1. Louis Roussel et Odile Bourguignon, *Générations nouvelles et mariage traditionnel : enquête auprès des jeunes de 18 à 30 ans*, PUF, 1979.
2. Willy Pasini et Donata Francescato, *op. cit.*
3. Francesco Alberoni, *op. cit.*

que le règne de la loi du plus fort et de l'irresponsabilité à l'égard de ce que sent ou fait l'autre.

À partir du moment où l'égalité est revendiquée entre individus, ainsi que le droit de chacun au bonheur, le divorce se répand. En 2000, 40 % des couples divorcent (contre 12 % en 1970 et 32 % en 1990 [1]). On divorce davantage car on choisit d'aller là où notre cœur nous porte et le cœur a ses raisons... Jusque dans les années cinquante, c'était une tare sociale, un affront fait à l'Église et à Dieu. Depuis le début des années soixante-dix, la législation n'a cessé d'aller dans le sens d'une plus grande liberté au sein de l'institution du mariage. En 1975, l'adultère en matière civile n'est plus considéré comme une cause « péremptoire » de divorce mais comme un grief parmi d'autres, comme la violence ou l'alcoolisme, tandis que s'instaure à la même époque le divorce par consentement mutuel, destiné à apaiser les conflits conjugaux au bénéfice des enfants. On sait pourquoi on se marie, « parce qu'on s'aime », mais il faut désormais donner un « sens » au divorce. Depuis la fin du XXe siècle, on parle de médiation et de la nécessité de conserver les liens.

Et puisque l'amour ne dure pas, il faut aussi simplifier sa fin. L'époque est à la mouvance, les entreprises glorifient la flexibilité. Serge Tisseron constate : « Le flottement est aujourd'hui mieux accepté, qu'il s'agisse des identités de la famille ou du couple, ou de la mouvance professionnelle et sociale [2]. » Dans ces conditions, pourquoi le mariage serait-il prononcé par le maire et le divorce par un

1. Gérard Mermet, *op. cit.*
2. Serge Tisseron, *op. cit.*

juge ? 70 % des Français interrogés lors d'un sondage en 2000[1] se disaient plutôt ou tout à fait favorables au fait qu'un maire puisse prononcer le divorce lorsque les conjoints se sont mis d'accord, sans que ceux-ci passent devant le juge. Les dernières lois vont dans le sens d'une plus grande souplesse, ce dont se réjouit *Libération* : « Au printemps 2001, l'Assemblée nationale a donné le coup de grâce symbolique à l'institution maritale : en supprimant l'injustice successorale qui frappait l'enfant adultérin lorsqu'il vient en concurrence avec la femme légitime, elle a enterré l'obligation de fidélité[2]. » Personne ne peut m'imposer d'obligation. Il n'y a d'obligation que là où je le décide. C'était un rêve à quinze ans. C'est la réalité légale d'aujourd'hui.

Jusqu'à ce que l'amour vous sépare...

Depuis 68, on revendique le droit au couple amoureux, sinon rien. C'est pour cela qu'on ne se marie plus pour la vie. On fait des contrats prénuptiaux où l'on établit les conditions de la séparation. On était passé du mariage de raison au mariage d'amour, mais au bout de quelques années, on s'est orienté vers le mariage temporaire (comme le travail). Nous appelons « hypocrisie » cette sale habitude qu'avaient nos parents de continuer à vivre ensemble alors que plus rien ne les unissait. Nous, nous voulons vivre dans la sincérité, en étant « vrais ». Mais s'il y a des intérêts en jeu, on se marie en grande pompe, façon raout de grandes entre-

1. Philippe Brénot, *op. cit.*
2. *Libération*, 10 août 2001.

prises pour célébrer non plus l'union de deux amoureux, mais une alliance de talents destinée à fructifier en produisant l'élite de demain (leurs enfants). Plus qu'un mariage, c'est une fusion-acquisition. On se doute que cela ne va pas durer, mais au moins on fait une superbe fête, qui en jette plein la vue et nous laissera des souvenirs inoubliables.

C'est aussi l'ère du « couple en pointillés », note *Le Nouvel Obs*. Entre mariages et divorces, rencontres et ruptures, on découvre de nouvelles formes de conjugalité : « 8 % des femmes de 20 à 50 ans déclarent vivre *une relation amoureuse sans couple*. À ne pas confondre avec les couples non cohabitants – un classique [1]. » On n'habite pas forcément ensemble, ou pas tout le temps ; on a un travail dans une autre ville, deux jours par semaine ou quinze jours par mois. Certains choisissent l'union libre, dans laquelle les choix et les responsabilités restent un peu flous, indécis ; ils sont déterminés dans l'intimité, à l'écart des règles établies pour tous. En 1982, 3 % des couples étaient formés par deux célibataires. Ce chiffre a quadruplé : ils sont 12 % en 1999. Dans la même période, la proportion de couples mariés a elle aussi baissé de manière significative : 94 % en 1982, 88 % en 1990, et 82 % en 1999 [2]. La société n'a rien à faire dans mon histoire d'amour. Pourquoi un maire devrait-il être au courant de ma vie privée ? Vivre avec sa « chérie » ou son « jules » sonne nettement moins ringard que « mon mari », « mon épouse ». « Ma moitié », c'est

1. *Le Nouvel Observateur*, 16-22 août 2001.
2. Chiffres du recensement général de la population de mars 1999, cités dans *Les Échos*, 20 juillet 2001.

carrément réactionnaire. Paradoxalement, de nouvelles obligations naissent alors même que les responsabilités ne sont pas codifiées. « En contradiction avec le principe de l'union libre où “le départ du concubin ne peut pas être considéré comme une faute, puisque les concubins échappent aux devoirs de fidélité, d'assistance et de secours matériel”, les juges condamnent à de substantiels dommages et intérêts ceux qui ne respectent pas leurs serments d'amour ou font preuve de lâcheté[1] » : dix mille francs pour rupture « par téléphone » (Bordeaux, juin 1996), jusqu'à cinq cent mille francs pour une rupture « brusque » après onze ans de vie commune (Cour de cassation, avril 1998).

Depuis fin 1999, on se pacse pour avoir quelques-uns des droits et devoirs du mariage, mais pas tous. « On n'est pas obligé de subir des examens médicaux, de publier des bans qui enlèvent toute intimité, tout romantisme. C'est une histoire de couple, pas de famille, qui laisse donc une frange de liberté et d'imaginaire », dit Armelle, trente-huit ans[2]. Un peu d'engagement, mais pas trop. On le résilie unilatéralement, par simple lettre recommandée au greffe du tribunal de grande instance. C'est dans l'air du temps, je choisis où et comment je m'engage. Ce n'est plus les yeux fermés et bras grands ouverts. Pour les homosexuels, en revanche, c'est la seule façon de s'engager. Aux Pays-Bas, où le mariage homosexuel est autorisé, il casse les clichés sur les

1. *Libération*, 10 août 2001. La phrase sur le « départ du concubin » est empruntée à Alain Bénabent, *Droit civil, la famille*, Litec, 1998.
2. *Psychologies*, janvier 2001.

homos, individus irresponsables ne pensant qu'à leur plaisir immédiat : « Par le mariage, les homos sont devenus plus conscients non seulement de leurs droits, mais aussi de leurs responsabilités. En ce sens, c'est plutôt conservateur et bourgeois », dit Jan-Wolter Wabeke, l'un des ardents défenseurs du mariage gay[1]. Mais c'est aussi un droit nouveau, obtenu de haute lutte par une minorité opprimée ; il a encore le goût de l'inédit, du jamais-vu, de l'exploration.

On voudrait des séparations « heureuses », harmonieuses, ce n'est pas toujours le cas. « Évidemment, il n'y a aucun contrat, aucune loi morale qui puisse nous imposer d'aimer quelqu'un que nous n'aimons pas, dit Francesco Alberoni. Mais il ne s'ensuit pas automatiquement que nous ne sommes pas responsables des conséquences de nos actes[2]. » Au-delà des circonstances invoquées pour motiver la séparation (adultère, violence, mésentente...), Philippe Brénot[3] a identifié cinq mécanismes qui contribuent à l'augmentation actuelle des divorces, dont quatre sont directement liés à l'immaturité des partenaires, le cinquième étant l'indépendance féminine qui permet enfin de disposer d'une alternative pour un couple en difficulté. Le premier mécanisme réside dans les difficultés névrotiques des couples, qui sont parfois la raison même de l'attirance des deux partenaires. « Il y a une sorte de prédestination psychologique à la rencontre de deux êtres névrosés, ou caractériels ou gravement infantiles », écrivait

1. *Newsweek*, 4 juin 2001.
2. Francesco Alberoni, *op. cit.*
3. Philippe Brénot, *op. cit.*

déjà R. Henny[1]. Le deuxième mécanisme, l'immaturité fusionnelle, est l'une des conséquences de cet infantilisme, et, pour Brénot, elle caractérise le couple occidental chrétien « qui cultive les valeurs de la dépendance infantile : je ne suis rien sans toi, je pense comme toi ». Toute divergence est conflictuelle et montre de façon éclatante la méconnaissance des différences. Ce troisième mécanisme est bien connu des thérapeutes de couple, « qui voient l'homme reprocher à la femme ce qui, paradoxalement, est le plus féminin en elle : son mode de penser, de vivre, de se souvenir. Et les femmes de même envers les hommes ». En effet, si l'enfant évalue le monde à travers son seul regard et considère qu'il est la mesure de toute chose, à l'âge adulte, ce comportement signe l'incapacité à appréhender l'altérité. Et puisqu'on parle d'amour dans le couple, il faudrait repréciser de quoi l'on parle, car comme le dit Brénot : « Tout le monde sait que l'amour-passion [...] ne dure jamais plus de deux ans. » Au stade de la passion, l'autre n'est pas réellement pris en compte, il n'existe pas ; ce n'est qu'un jeu de projections réciproques. Que se passe-t-il ensuite sur ce terrain inexploré (et en tout cas peu médiatisé) ? Peut-on rester ensemble quand les sentiments se banalisent et mélangent tendresse, apathie et égoïsme ? Souvent, ce sont les enfants qui regardent leurs parents, grands instables affectifs, comme des adolescents attardés : « Il faut grandir, maman (ou papa) ! »

La solitude s'accroît, et si elle résulte parfois d'un choix, elle est plus souvent une fatalité. « Décidé-

1. R. Henny, « Les unions impossibles », *Le Couple et ses problèmes*, Labor et Fidès, 1963.

ment, il y a quelque chose qui cloche au royaume de Singleland», lit-on dans *Le Nouvel Obs*[1]. Les hommes et les femmes ne sont plus sur la même longueur d'ondes : « Malgré la révolution féministe et l'héritage de Mai 68, les baby-boomers vieillissants craqueraient encore devant le premier tendron venu, comme au bon temps de la société patriarcale ? » se demande le magazine des bobos. Mais oui, et les chiffres le confirment : à cinquante-cinq ans, 76 % des femmes vivent en couple contre 83 % des hommes.

Pour Philippe Brénot, l'esclavage féminin est certes officiellement aboli, mais les couples sont loin d'avoir trouvé un équilibre au quotidien, ne serait-ce qu'au niveau du partage des tâches, qui reste la grande « illusion masculine » : oui, je fais aussi parfois la vaisselle et je l'aide pour le ménage. En effet, on peut croire que la femme n'est plus sacrifiée sur l'autel des convenances, qu'elle a enfin atteint son autonomie, mais Serge Chaumier estime que le sacrifice se poursuit et cette fois-ci pour l'un ou l'autre des conjoints, et même parfois pour les deux : « Comment pourrait-il en être autrement en l'absence de réelle maturité des individus ? Il ne suffit pas de décréter la libéralisation des mœurs pour que les mœurs se libèrent, il faut travailler au niveau des résistances, et elles sont éducationnelles[2]. » Les adultes sont en plein apprentissage de nouvelles façons de vivre ensemble. Ils savent qu'ils les veulent différentes de celles qui liaient leurs parents ou

1. *Le Nouvel Observateur*, 16-22 août 2001.
2. Serge Chaumier, *La Déliaison amoureuse*, Armand Colin, 1999.

grands-parents, mais n'ont pas encore exploré d'autres types de relations que celles qu'ils ont pu avoir à l'adolescence.

Parents, enfants

> « Je n'aime pas ce ton. Dois-je une fois de plus te rappeler qu'un jour c'est moi qui choisirai ta maison de retraite ? »
>
> Un pré-ado s'adressant à son père, dans *L'amour triomphe toujours,* VOUTCH.

Depuis que l'enfant est roi, l'adulte est devenu infréquentable, sale. Du coup, l'adulescent regarde en arrière avec regret, et croit que l'enfance est l'âge de toutes les qualités. Pureté, authenticité, originalité, spontanéité : l'enfant de nos rêves en a le monopole et l'exclusivité. Les plus de vingt-cinq ans, eux, courent après, car c'est en retrouvant « l'enfant à l'intérieur de soi » qu'on peut se trouver tout court. Ils sont persuadés que l'enfant doit grandir en subissant le moins possible l'influence des adultes. Tout cadre, toute structure porte le risque potentiel d'être trop coercitif et débilitant. Les enfants d'aujourd'hui ont donc des droits, des libertés, comme ils n'en ont jamais eu auparavant dans l'histoire. Et en outre... ce sont des enfants, c'est-à-dire qu'ils font l'objet d'un culte, apparu après la Seconde Guerre mondiale, avec le développement de la psychanalyse et la prise de conscience que les bébés puis les enfants ne sont pas des choses à plier et à formater, mais des êtres vivants. On avait décrété qu'ils avaient une âme, mais on ne leur reconnaissait pas grand-chose d'autre. Les voilà dotés d'autonomie, de raison, de liberté, de droits. Ils ont changé de statut. Avec le pédiatre T. Berry Brazelton, puis Bernard Martino[1], les bébés eux-mêmes sont devenus des personnes.

Si un enfant est un adulte en devenir, l'adulte, lui, se souvient qu'il est un ex-enfant et s'autorise quelques incursions dans le monde délicieux de l'enfance. Il veut les mêmes attributs et privilèges que l'enfant. « Puisque ce dernier en Occident est depuis un siècle notre nouvelle idole, notre petit dieu domestique, celui à qui tout est permis sans contrepartie, dit Pascal Bruckner, il forme – du moins dans notre fantasme – ce modèle d'humanité que nous voudrions reproduire à toutes les étapes de la vie. L'infantilisme combine donc une demande de sécurité avec une avidité sans bornes, manifeste le souhait d'être pris en charge sans se voir soumis à la moindre obligation[2]. » Pas d'obligations pour les petits, et encore moins pour les grands.

Les rapports parents-enfants et la distribution des rôles dans la famille sont empreints de cette étrange attitude d'adultes qui refusent de vieillir et considèrent leur progéniture comme leur égal. On a assisté dans l'enthousiasme à la multiplication des savoirs sur la psychologie de l'enfant, et du discours psychanalytique on n'a retenu que le côté permissif. Dans les années soixante-dix, il était « interdit d'interdire ». Les verrous de l'autorité, de la hiérarchie, des principes d'éducation ont sauté, et depuis, on n'est plus parent de la même façon. On invente le « devenir parent ». On a compris que ce sont nos enfants qui nous apprennent à être parents.

---

1. Bernard Martino, *Le bébé est une personne*, J'ai lu n° 7094.
2. Pascal Bruckner, *La Tentation de l'innocence*, *op. cit.*

Face à des parents qui ne veulent ou ne peuvent pas être grands, l'enfant est roi. Les parents s'effacent devant lui. Là encore, l'évolution est radicale. On est passé du « les enfants n'ont pas le droit à la parole » à « taisons-nous : l'enfant parle ». Les enfants finissent par devenir des petits chefs, mais bien seuls, livrés à eux-mêmes, sans repères. Heureusement, il reste les grands-parents, une référence, un lien avec le temps d'avant. Du moins quand ils veulent bien accepter ce titre et ce rôle.

Un enfant à tout prix

Pendant des siècles, les femmes ne se sont vues qu'en mères. Brutalement, dans les années soixante, elles ont proclamé « Un enfant, si je veux, quand je veux », slogan qui signifie en fait : « Pas d'enfant tant que je n'en veux pas. » Et souvent, « je », homme ou femme, veux tard. Car auparavant, j'ai eu mieux à faire. Des amours, des fêtes, des voyages, une carrière. De plus, ne pas avoir d'enfant permet de ne pas se voir vieillir. On peut continuer à se considérer comme un enfant. De fait, en trente ans, l'âge des premières grossesses a reculé de dix ans. La « générativité », telle que la décrivait le psychiatre Erik Erikson, survient donc beaucoup plus tard dans la vie des adultes d'aujourd'hui : « L'homme mûr éprouve le besoin que l'on ait besoin de lui et la maturité se laisse guider par la nature de ce qui demande soin et assistance. La *générativité* est alors principalement la préoccupation d'établir et de guider la génération montante [1]. »

1. Erik Erikson, *op. cit.*

Ce besoin de donner une part de soi à un plus démuni semble totalement désuète dans notre société ultracompétitive. Dans *Les Particules élémentaires*, Michel Houellebecq fait dire à l'un des personnages : « Normalement les parents se sacrifient, c'est la voie normale. Je n'arrivais pas à supporter l'idée que mon fils allait grandir, allait être jeune à ma place, qu'il allait peut-être réussir sa vie alors que j'avais raté la mienne. J'avais envie de redevenir un individu. » Qui ferait bien attention à ne jamais se laisser distancer par la jeune génération.

Le psychologue Christian Heslon a étudié le statut de l'enfant et constaté la différence entre hommes et femmes à propos du désir d'enfant. Pour les hommes, le désir de paternité n'a pas beaucoup changé depuis les temps anciens : il se fait *via* une femme élue. Tandis que pour les femmes d'aujourd'hui, le désir est triple : désir de grossesse, désir d'enfant et désir d'être mère de l'enfant d'un homme particulier[1]. Ce qui laisse une large place à toutes les possibilités... Serait-ce la raison pour laquelle on honnit tant les femmes « irresponsables », qui enfantent à plus de quarante-cinq ans, mais qu'on applaudit, ému, à la naissance des bébés tardifs d'Yves Montand ou de Gainsbourg à soixante ans passés, ou même du dernier-né d'Anthony Quinn, alors âgé de quatre-vingt-deux ans ? Dans ces cas, c'est le désir qui prime : je veux un enfant, à moi, tout de suite. Et que rien ni personne ne s'oppose à ma volonté. Comme l'enfant qui se croyait tout-puissant ou l'ado qui n'avait peur de rien, car tout était possible... Pour ne rien arranger,

1. Revue *Éducation permanente*, 18 février 1999.

les hommes sont dépossédés de leur rôle ancestral, puisqu'une femme peut « faire un bébé toute seule », sans plus avoir besoin d'eux.

La place du père est certes contestée, mais elle n'était plus viable dans sa forme traditionnelle. Les modèles étaient inquiétants ; Abraham est prêt à tuer son fils pour plaire à Dieu, Moïse n'a pas de père, Jésus n'a pas de géniteur. Jésus demande à son père céleste pourquoi il l'a abandonné. Et qu'est donc devenu Joseph ? Celui qui aurait pu assurer la fonction paternelle est curieusement absent dans les moments difficiles de son enfant adopté. Des pères absents, effacés, disparus, inexistants, alcooliques, brutaux, la littérature et le cinéma en sont remplis.

Être père aujourd'hui est une aventure qui reste à créer, mais le soin aux enfants se fait à deux, la loi elle-même le dit. Les pères, qui traditionnellement séparaient la mère de l'enfant, représentaient la loi, fixaient les interdits, disaient non, se croient expropriés depuis qu'ils ont perdu leur titre de chef de famille et qu'on ne compte plus sur eux pour redresser les enfants récalcitrants. Leur autoritarisme despotique avait des armes imparables : lettres de cachet, coups de bâton et autres brimades. Aujourd'hui, il leur arrive de succomber au découragement, et surtout au manque de créativité ; ils choisissent alors l'abdication pure et simple, comme dans certains divorces où ils disparaissent complètement, ou bien « renoncent à occuper leur inconfortable position de père », selon l'expression d'Aldo Naouri. Pourquoi inconfortable ? Parce que essentiellement liée à l'autorité, tandis que la tendresse serait traditionnellement l'apanage des femmes. Dans cette logique, s'ils refusent l'affrontement, ils deviennent des mères *bis*[1], ou alors des « grands frères[2] ». Le moins qu'on puisse dire, c'est que le registre proposé est unidimensionnel. Les papas poules n'ont plus court, c'était une tentative. Vingt ans après, les hommes continuent à se chercher en papas. Il leur reste à trouver une place entre papas maternants, papas copains et papas héros invisible. Pour Jean Le Camus, une chose est sûre : « Il en est de la paternité comme de la maternité : on ne naît pas parent, on le devient jour après jour[3]. » Ce psychologue du développement rappelle l'importance de la présence active, chaleureuse, charnelle du père, tant l'absence, l'invisibilité physique ou psychique d'un père a un effet destructeur sur l'enfant.

En réalité, le statut ou le sexe de celui qui porte la fonction paternelle est moins important que ce que l'on croyait du temps où aucun autre modèle n'existait. « On est passé d'un modèle traditionnel clairement identifié où le père détenait l'autorité à un modèle plus égalitaire, démocratique mais plus flou, où chaque famille se bricole son mode de fonctionnement et navigue à vue », explique Martine Gruère, présidente de l'École des parents d'Île-de-France.

L'enfant roi

Pendant des siècles, le petit être vagissant que l'on emmaillotait de façon qu'il ne bouge pas a été considéré, au mieux, comme un petit animal sauvage qu'il s'agissait de dresser. C'est seulement à la fin du

1. Aldo Naouri, *Une place pour le père*, Seuil, 1985.
2. Jacques-Antoine Malarewicz, *op. cit.*
3. Jean Le Camus, *Le Vrai Rôle du père*, Odile Jacob, 2000.

XXe siècle que les médecins ont admis que le nouveau-né pouvait ressentir la douleur. S'il criait ou pleurait tant auparavant, c'était sa façon à lui de s'exprimer, et tous ces bruits ne méritaient pas qu'on s'y attarde. Le bébé n'avait de valeur que dans ce qu'il représentait pour l'avenir. C'est à travers lui que notre nom, nos valeurs, nos terres, notre métier allaient se poursuivre.

Christian Heslon a également suivi l'évolution du statut de l'enfant à naître depuis cinquante ans : l'immédiat après-guerre a vu naître les enfants de la culpabilité, les premiers baby-boomers. Leurs parents sortaient des horreurs de la guerre et d'autres allaient très vite arriver : guerres d'Indochine, d'Algérie et guerre froide. Sont venus ensuite les enfants du désir, ceux de l'après-pilule. Ceux-là allaient être aimés comme jamais car ils répondaient aux désirs de femmes qui proclamaient : « Mon corps m'appartient. » Depuis les années quatre-vingt, nous sommes passés au stade de l'enfant-projet. Les enfants correspondent à un besoin – réconcilier le couple parental, donner une bonne image de soi –, ils doivent tomber au bon moment dans la carrière professionnelle de la mère, permettre de cumuler avantageusement congés, primes et réductions diverses. Dans les couples modernes, le père est parfois mis à contribution au-delà de l'acte procréateur, et c'est lui qui fait une parenthèse dans son évolution professionnelle. L'enfant, lui, doit bien sûr être parfait, répondre aux normes, n'avoir aucun défaut de fabrication. Il s'agit de ne pas se rater.

On investit dans son enfant, comme à la Bourse. En fait, on s'investit à travers lui, souligne Jean-

Claude Kaufmann[1]. On lui fait faire des activités « intelligentes », censées développer sa créativité, ses performances, ses talents, son génie peut-être, « une forme de pression laissant peu de place aux enfants pour profiter d'instants privilégiés sans idée de performance ». Il fera tout ce qu'on n'a pas pu faire. Il aura moins de mal à apprendre l'anglais s'il l'apprend « naturellement », on lui met donc des chansons en anglais en boucle, dès le berceau ; les tables de multiplication sont affichées dans la cuisine et des lettres sur le frigo. Il va à la *mini-school* tous les mercredis dès trois ans. Nous avons été brimé, notre créativité n'a pu jaillir, nous lui offrons toutes les possibilités d'exprimer la sienne ; il ou elle fait de la danse jazz, du judo, du dessin, du foot, du violon, de l'accordéon, du tennis, de la poterie, du théâtre, du hip-hop. On essaie tout à travers lui, pour être sûr de ne pas laisser échapper un talent qui s'ignorerait.

Hier, les enfants avaient l'âge de raison à sept ans, la puberté marquait une étape qui s'achevait à la majorité, à vingt et un ans. La vie était rythmée tous les sept ans, chiffre chargé de symboles. Aujourd'hui, on vit dans un monde qui n'a plus de références symboliques, mais on se flatte d'avoir un enfant de six ans « responsabilisé », c'est-à-dire capable de rester tout seul à la maison quand maman et papa ne sont pas là. On s'en flatte d'autant plus qu'on est soi-même de moins en moins responsable.

Aujourd'hui donc, le bébé est une personne. De là à lui octroyer les droits d'un adulte (qui est lui

1. *Le Parisien*, 9 mai 2001.

aussi une personne, après tout), il n'y a qu'un pas. En effet, les textes officiels et les lois donnent de plus en plus de droits aux enfants de plus en plus jeunes. Des droits minimaux comme le respect de leur corps, mais aussi le droit d'être entendu par un juge aux affaires familiales (Déclaration des droits de l'enfant, 1993). On voit des enfants attaquer leurs parents parce que ceux-ci ne leur ont pas choisi la bonne orientation. On est loin de l'état de servitude dans lequel se tenait l'enfant à l'égard de ses parents jusqu'à leur mort.

Ces derniers demandent son avis à « l'enfant » sur tous les sujets : le divorce de papa et maman, son mode de garde (alternée, week-end), le choix de la baby-sitter, les prochaines vacances, ce qu'il veut manger ce soir, on ne force pas, car on ne voudrait pour rien au monde le frustrer, et surtout : comment dire non à un enfant qui a des attitudes d'adulte, qui est habillé en adulte et parle de plus en plus tôt un langage propre aux adultes ? On ne leur apprend pas le sens des limites, le sens de la loi et du lien social, car on ne les connaît plus très bien soi-même, à force de les avoir remis en question. Les parents se retrouvent ainsi partagés entre l'envie d'avoir eux aussi le droit à la parole et la volonté de ne pas répéter ce qui leur a paru tellement pénible quand ils avaient quinze ans. Ils s'en souviennent comme si c'était hier.

Face à l'école, beaucoup de parents se rangent systématiquement du côté de leur enfant. « Tu as raison, ce prof est complètement nul. J'irai le voir s'il continue à t'embêter. » Mais quand arrivent les chamboulements de l'adolescence, ils sont parfois interloqués devant le déficit de communication qui s'est installé avec leurs enfants potes, qui font régner la loi. Quelques années plus tard, c'est le régime « nourri-logé-blanchi », avec le droit inattaquable d'amener ses copains, ses copines, fiancées et jules. Les temps changent, et pas dans le bon sens, selon Pascal Bruckner, qui dénonce le fait qu'aujourd'hui « on ne fait plus d'enfants pour leur transmettre des valeurs ou un héritage spirituel, mais pour multiplier le nombre des épanouis sur Terre [1] ». Le but de l'éducation est en effet de fabriquer le bonheur de nos enfants. Maintenant et à tout jamais. Comme on ne sait pas où s'achète le bonheur, c'est nettement moins facile qu'auparavant, quand il fallait seulement s'assurer que la progéniture respecterait les codes et l'ordre des choses tel qu'on les leur transmettait.

L'enfant pote

Un certain nombre de parents présentent une image d'adultes qui n'assurent pas toujours. On dit qu'ils sont immatures. Ils ne respectent pas leurs engagements, ne trouvent pas de solutions, prennent de mauvaises décisions et ne donnent pas l'« exemple ». Ils n'ont qu'un credo : ne pas faire comme les parents d'avant, mais c'est compliqué. Il n'y a qu'à voir les articles dans les magazines : « Échec scolaire : serait-il surdoué ? » (*Génération santé*, janvier-février 2002) ; « Faut-il sacrifier aux rites des devoirs de vacances ou les laisser bronzer idiots ? » (*Men's Health*, juillet-août 2001) ; « Ma fille est-elle une lolita ? » (*Top famille*, juillet-août

1. Pascal Bruckner, *L'Euphorie perpétuelle, op. cit.*

2001) ; « Carte téléphonique ou portable ? » (même journal) ; « Nous sommes toutes de bonnes mères ! » (*Questions de femmes*, juin 2001) ; « Drogue : comment en parler aux enfants ? » (*Elle*, 11 juin 2001) ; « Garde d'enfants : on veut des solutions tout de suite » (*Elle*, 4 juin 2001) ; « Traînés en justice par leur enfant » (*Marie-Claire*, avril 2001) ; « Ado en crise, que faire ? » (*Marie-France*, mai 2001) ; « Mon enfant est-il dépressif ? » (*Santé magazine*, juin 2001)...

On a renoncé à l'autorité ; c'était une valeur un peu suspecte, pas toujours moderne, source d'une certaine mauvaise conscience, explique Jean-François Barbier-Bouet, sociologue. De crainte qu'elle ne soit totalitaire, elle a été mise au placard. On ne veut pas contrarier l'enfant, de peur de le traumatiser, de le névroser, de lui briser sa créativité. Les enfants sont donc élevés par des adultes qui se sentent vaguement culpabilisés par l'autorité. L'important est d'être « proche » de ses enfants. Leur meilleur ami. Celui avec lequel ils communiqueront en toute liberté, en toute franchise.

Les enfants, face à ces parents pas tout à fait sûrs d'être adultes, ont de plus en plus d'attributs de l'autonomie ; des adresses e-mails, des portables. L'enfant est le reflet de moi-même, jeu narcissique dans une société ultranarcissisante. Johnny Hallyday, parti en rallye au Maroc avec son fils David, confie qu'à cinquante-huit ans il a « enfin l'âge pour ça » (pour être papa), et explique : « C'est mon fils, mais nous sommes surtout deux complices. Sauf qu'il m'appelle papa. Ce qui me gêne et me donne un coup de vieux[1]. »

1. *Paris Match*, 7 juin 2001.

Il arrive que les adultes aient peur de leurs enfants et préfèrent utiliser la séduction et le copinage. Ces tactiques fabriquent des personnalités « instructurées », même pas « déstructurées » car de structures, ces enfants-là en ont peu reçu. Et parfois, ils s'en plaignent. Agathe Fourgnaud règle ses comptes dans un livre, *La Confusion des rôles*, où elle accuse ses parents de l'avoir privée d'enfance, de repères, de contraintes éducatives et de vrais parents. Pour elle, « le prétendu libéralisme éducatif des soixante-huitards dissimule en réalité un refus des responsabilités à l'égard d'enfants abandonnés à eux-mêmes, désemparés face à des parents obsédés par l'idée de rester jeunes [1] ».

Mais en restant enfants, ces parents ont aussi refusé de succéder à leurs propres parents, seul moyen de continuer la transmission. De tout temps, les parents ont d'abord dû vieillir pour que leurs enfants deviennent adultes. En refusant de s'identifier à leur père, ces adultes n'ont pu prendre la relève ; ils sont comme des frères qui établissent leurs lois propres. « Mais, explique Tony Anatrella, ces lois d'une pseudo-fraternité sont souvent plus contraignantes, plus oppressives que celles de la symbolique paternelle. La loi du père propose un idéal à partir duquel il est possible de réfléchir, tandis que la loi des frères est plus affective et plus sujette aux caprices des intérêts du moment, soumise à la manipulation d'un petit groupe qui se donne "le" pouvoir, même si cela se fait par voie démocratique ; bref, elle s'impose dans le mépris

1. *L'Express*, 24 mai 2001. *La Confusion des rôles* a paru chez Lattès en 2001.

de l'autre[1]. » À l'extrême, ce pouvoir inventé et l'indifférenciation des générations débouchent sur des conduites incestueuses, latentes ou manifestes.

Les années quatre-vingt ont marqué une sorte de trêve dans le conflit traditionnel entre les générations ; le fossé des générations n'existant plus, on se sent beaucoup mieux en famille. L'allongement des études et les difficultés d'insertion professionnelle expliquent bien sûr cette cohabitation prolongée, mais celle-ci serait moins possible en cas de discorde. La bonne entente familiale doit beaucoup au libéralisme ambiant. Il arrive en effet que les enfants deviennent de bons amis, des copains, pour leurs parents, et parfois même la voix de la sagesse. À défaut de demander aux adultes d'être eux-mêmes plus responsables. Mais on trouve toujours plus immature que soi, tout simplement parce qu'il n'y a plus de norme, de règle, de « c'est comme ça et pas autrement ». Et justement, il y a des quantités d'« autrement », qu'on explore à tâtons.

Et les grands-parents...

Dans cette confusion des rôles et des générations, il reste parfois une valeur sûre : les grands-parents, qui représentent la stabilité. Du moins pour ceux qui avaient plus de trente ans en 68. Ces sexagénaires et plus représentent la transition avec le passé. Ce sont eux aussi qui maintiennent le lien quand les séparations des parents se font dans la douleur. Selon une étude de l'INSEE parue en mai 2001, les grands-parents représentent 20 % de la population.

1. Tony Anatrella, *Non à la société dépressive*, Flammarion, 1993.

Depuis quelques années, on devient grands-parents plus tard, puisque les enfants tardent à avoir des enfants, mais avec l'allongement de la durée de vie, deux millions d'entre eux sont également arrière-grands-parents.

Puisque la vie dure plus longtemps et que l'âge moyen du départ à la retraite est cinquante-sept ans, il reste une très longue période d'inactivité en « fin de vie », alors que personne à cet âge-là ne sent que sa fin est proche. Quand vers soixante-deux ans ils finissent par admettre qu'ils sont des seniors, les grands-parents ne rencontrent de toute façon que des messages qui les encouragent à profiter de leur prime vieillesse pour enfin s'éclater...

D'autant plus que les relations avec leurs propres enfants ne sont pas exemptes de tensions. La bonne entente est placée « sous conditions » et le conflit entre ces deux générations-là n'est jamais vraiment terminé. Les baby-boomers exigent que leurs parents leur obéissent. Cette fois-ci, ce sont eux qui commandent, on les a assez empoisonnés comme ça. Et donc, s'ils disent que l'enfant doit se coucher à telle heure ou ne pas être forcé à manger, et que leur volonté n'ait pas été respectée, les parents (grands-) seront punis. Privés de petits-enfants. Les seniors sont bien placés pour savoir que les ruptures se font plus facilement, et qu'on ne s'encombre plus de relations qui ne seraient pas totalement satisfaisantes. Ils sont logés à la même enseigne et se tiennent à carreau. Il arrive aussi que les rapports deviennent encore plus difficiles lorsque se présentent de nouveaux conjoints, ceux qui arrivent après un divorce. Ces derniers ne voient aucune raison, et n'ont nullement l'intention, de se plier à la volonté de vieux qui débarquent tardivement dans leur vie.

Pour Marie-Françoise Fuchs, présidente de l'École des grands-parents européens et auteure de *Questions de grands-parents*[1], l'ancienne génération se voit confrontée à des modifications auxquelles elle n'était pas préparée : non seulement elle doit s'adapter aux mœurs de leurs enfants et à de nouvelles situations, mais l'âge n'implique plus le respect et s'il y a du respect, il n'est plus une barrière. Leurs enfants, entre vingt-cinq et cinquante ans, ne supportent plus les conseils et les « je te l'avais bien dit ». Les relations n'étant plus codifiées, les enfants ne se gênent pas pour dire ce qu'ils ont sur le cœur. Les grands-parents deviennent des rivaux de leurs enfants, qui contestent, encore aujourd'hui, leur place de patriarche, avec tout ce qui allait traditionnellement avec : le savoir, la sagesse et le pouvoir de décision.

Cependant, depuis que Françoise Dolto a exhorté au maintien du couple parental au-delà du couple conjugal, les grands-parents jouent un rôle essentiel lors des divorces et des séparations. Ils sont le lien qui reste. Alors on fait appel à eux. Après tout, ce sont nos parents... Et les parents à l'ancienne, malgré tout, avaient du bon. Avec eux, rien ne bouge, rien ne change, c'est comme quand on était petit. Ce grand-parent-là est la référence du temps qui s'écoule, de la généalogie, de l'histoire familiale. Dans un monde mouvant, où papa et maman sont souvent divorcés et ont parfois des vies un peu agitées, ils sont la stabilité. Ils appartiennent encore à une génération où le divorce était rare. Papy est le

1. Marie-Françoise Fuchs, *Questions de grands-parents*, La Martinière, 2001.

père de papa, comme Bon-papa est celui de maman, c'est simple.

Non seulement ils sont les piliers, garants de l'ordre antérieur, mais ils sont aussi bien pratiques. En bonne santé, disposant d'un pouvoir d'achat plutôt confortable, ils ont de bons atouts pour jouer un rôle croissant auprès de leurs petits-enfants. De fait, l'éducation d'un certain nombre d'enfants est partagée entre des parents super-occupés et des grands-parents disponibles plus longtemps. Mais la différence entre grands-parents utiles et utilisés n'est pas toujours très nette. Leur affection est « instrumentalisée », disent ceux qui trouvent qu'il y a de l'abus ; ils ont trimé toute leur vie, et même s'ils aiment leurs petits-enfants, servir de chauffeur pour amener Mathilde au tennis, aller chercher Geoffroy au tae-kwon-do et les conduire ailleurs leur paraît peu gratifiant. Surtout si les « visites » des petits-enfants se bornent à ces transports du mercredi.

Plus généralement, on constate une inversion de l'aide intergénérationnelle. Auparavant, les enfants venaient en aide à leurs vieux parents, c'était le « devoir » des enfants que de leur porter assistance. Depuis quelques années, les grands-parents aident de plus en plus souvent leurs enfants dans les périodes difficiles de leur vie chaotique (chômage, travail à temps partiel, divorces, séparations).

Mais ceux qui se retrouvent grands-parents vers cinquante ans le vivent mal. Ces baby-boomers ont une vie professionnelle et sexuelle ; ils n'ont aucune envie d'être grands-parents, n'en ont pas le temps et ne se voient pas du tout en mémé ou pépé. Quel coup bas, alors qu'ils se sont battus toute leur vie pour ne pas devenir « vieux » ! « Il y a un décalage d'âge, car à la cinquantaine aujourd'hui, on ne se ressource plus comme avant dans la grand-parentalité ; l'envie de vivre ne vient plus des enfants », explique Marie-Françoise Fuchs. On voit nombre de jeunes grand-mères jouer dans la même cour que leurs filles, celle de la séduction et de la carrière.

En général, ces quinquas sont très copains avec leurs enfants, ils leur parlent de tout, s'habillent *cool*, écoutent la musique des jeunes, achètent des magazines branchés, bref, se comportent comme des jeunes. Ce n'est tout de même pas parce que leurs enfants se mettent à faire des bébés qu'ils vont passer dans la case grand-mère ou grand-père ! Ils refusent cette appellation dégradante, qui sent le déclin. « Je ne me sens pas du tout grand-mère ! » disent les baby-boomeuses déconcertées à l'annonce de l'enfant à paraître. Puisqu'on ne peut l'éviter, on n'utilisera pas les mots traditionnels, on se cherche un nom sympa, qui fasse « jeune », pourquoi pas d'origine étrangère, et donc sans connotation ringarde : babouchka, tina, buba, omi... Il faut alors attendre quelques années encore avant que l'on commence à s'intéresser à ces petits-enfants venus trop tôt.

Finalement, les parents adulescents ont trouvé deux moyens de ne pas exercer leur rôle d'adulte : faire de leurs enfants des personnes à part entière, des partenaires, parfois même des décideurs, et reporter une partie de leur rôle éducatif sur leurs propres parents. On saute une génération, une étape, et hop, vas-y que je t'embrouille, tous n'y ont vu que du feu.

Épilogue

L'*Homo adultus*

> « Garde toujours dans ta main la main de l'enfant que tu as été. »
>
> CERVANTÈS.

Après les espoirs et les désillusions, les rejets et les enthousiasmes, chacun se retrouve aujourd'hui un peu seul dans ce monde chamboulé. Celui d'avant, où « nous étions assurés de trois choses : la condition humaine était immuable, la nature était invulnérable, le temps ne nous appartenait pas[1] », avait quelque chose de lénifiant dans sa fixité. Être humain était indissociable de ces paramètres qui semblaient éternels.

Il est bien plus inquiétant de vivre dans un monde où certains maîtrisent des technologies permettant à la fois de fabriquer du vivant et de l'anéantir, de raccourcir le temps et l'espace, de tout savoir sur la vie de chacun et de pouvoir lui inventer des besoins

---

1. Bernard Edelman, « Restons sauvages ! » *in La Responsabilité, la condition de notre humanité*, sous la direction de Monette Vacquin, Autrement, 1994.

et des aspirations. L'ignorance et l'impuissance face à un monde immense et mystérieux étaient finalement plus confortables. Les choix étaient réduits, on se posait moins de questions. On se reproduisait et on transmettait, telle était la destinée humaine, pour les siècles des siècles. L'avenir appartenait à Dieu, pas aux hommes. Ce système a fonctionné pendant des années pour lutter contre les invasions, pour s'opposer à toute autre religion, toute autre politique. C'est nettement plus flou depuis quelques années et encore plus depuis quelques mois.

L'individu a émergé parce qu'il a triomphé des carcans anciens. La famille étouffoir, l'école caserne, le travail aliénation, la religion oppression sont en lambeaux. On est bien libéré, on le dit très fort mais on ne se sent pas plus libre. À ceux qui se lamentent sur la perte de repères et l'affaiblissement du lien social, Alain Ehrenberg répond : « Nous sommes bien plus confrontés à la confusion entre repères multiples qu'à leur perte. Plutôt qu'à un déclin du public, nous avons affaire aux transformations des références politiques et des modes d'action publique qui se cherchent dans le contexte de l'individualisme de masse et de l'ouverture des sociétés nationales. Voulons-nous retourner dans l'étouffoir disciplinaire ? [1] »

C'est une tendance à la facilité que de toujours regarder en arrière en se persuadant que « c'était mieux avant », alors que de tout temps l'homme s'est plaint de l'hostilité de la nature, de la malignité d'autrui, de la brièveté de la vie et des soucis qui l'accompagnent, aujourd'hui, plus qu'hier. « Il y a

1. Alain Ehrenberg, *op. cit.*

quarante ans, tout le monde se portait bien, on marchait, on était gai, on ne demandait qu'à rire et à danser. À présent tout le monde est d'une tristesse insupportable », disait... Montesquieu, dans ses *Lettres persanes*. Ou encore : « Il faut avouer que les hommes d'aujourd'hui sont bien différents de ceux que nous voyions dans notre jeunesse ; ils étaient polis, gracieux, complaisants mais à présent, je les trouve d'une brutalité insupportable » (le même).

Certains regrettent donc le temps où les adultes faisaient leur boulot et conspuent l'adulescent. Witold Gombrowicz, écrivain polonais, a décrit l'immaturité comme un état de malléabilité, où l'être n'a pas encore de forme. Par contraste, l'adulte aurait une « forme » : une personnalité sociale et psychologique bien arrêtée. Mais pour beaucoup, la maturité n'est jamais rien d'autre qu'une carapace, qui cache un mollusque informe. Ou bien un masque. Ainsi camouflé, l'adulte peut à loisir imposer aux autres la tyrannie de la *forme*.

À bien y regarder, il y a toujours eu des adulescents. Le phénomène semble nouveau parce que les médias, la consommation et la technologie les rendent plus visibles. Les adulescents d'hier n'étaient pas seulement de grands aventuriers, qui avaient besoin de se sentir exister très fort et qui fuyaient leur maman jusqu'au bout du monde, ou des dictateurs fous (pléonasme) qui voulaient imposer leur volonté, se croyant meilleurs que tous. Qui sait ? Peut-être qu'une bonne partie des dissidents, réfractaires, récalcitrants, artistes, rêveurs passionnés, inventeurs l'étaient aussi.

Contrairement à ce que l'on aimerait croire, les signes extérieurs classiques de la « grande personne » (mariage, enfants, travail) ne sont pas à eux seuls porteurs de maturité. En revanche, certaines qualités le sont, comme la capacité à être autonome, à savoir être seul (y compris dans le couple), à maîtriser ses pulsions, à savoir passer du rêve au réalisme, à percevoir ses aspirations profondes... Cela n'empêche pas la légèreté. Oubli, folie, plaisir : c'est aussi, malgré les discours moralisants, notre capacité à vivre ces extrêmes qui nous fait grandir. Nietzsche l'écrivait déjà dans ses secondes *Considérations inactuelles* : « Il y a un degré d'insomnie, de rumination, de sens historique au-delà duquel l'être vivant se trouve ébranlé et finalement détruit, qu'il s'agisse d'un homme, d'un peuple ou d'une civilisation [1]. » Il faut savoir oublier pour vivre. Érasme, déjà, avait fait l'éloge de la folie. « Elle habite l'enfant et le vieillard, heureux, tous deux détachés de l'urgence du quotidien et au contraire dédiés à l'inattendu et à l'exceptionnel, bref à la vie », dit le philosophe Jean-Michel Besnier [2]. Lionel Tiger rappelle combien le plaisir est indispensable à l'homme : « Le plaisir a ses racines profondément ancrées dans l'être humain. Sa recherche est incessante, active et vigoureuse, et doit donc être respectée pour la force qu'elle représente et le rôle qu'elle continuera sans doute à jouer dans les affaires des hommes. Le plaisir résonne comme un impératif. Sans lui nous n'aurions pu survivre dans les sombres nuits, dans les jours brûlants de notre immense histoire [3]. »

1. Friedrich Nietzsche, *Considérations inactuelles I et II*, Gallimard, 1990.
2. *Sciences et Avenir*, « Les folies ordinaires », hors-série avril-mai 2000.
3. Lionel Tiger, *À la recherche des plaisirs*, Dunod, 1992.

Si un adulte conserve toujours au fond de lui-même une part irrationnelle, ludique, idéaliste, voire angélique, l'envie de la retrouver est parfois un peu enfouie, car elle fait peur. Il est donc déterminé à « ne surtout pas tourner son visage vers la Méduse de l'angoisse infantile », comme le dit Erik Erikson, et pourtant celui qui le ferait « réussirait peut-être à rendre son côté infantile moins destructeur [...] tout en conservant sa force créatrice [1] ». Mais la créativité fait désordre, alors même que ce désordre est une condition nécessaire à l'émergence de la créativité. « Lorsque tout est en ordre, c'est la stagnation », écrit Guy Corneau [2]. En psychanalyse, on considère que les comportements régressifs sont aussi « une critique distanciée, voire humoristique, du bon goût et du sérieux bourgeois », et que « si on prend l'existence trop au sérieux, on se prive du pouvoir de la modifier [3] ». Plus encore, l'esprit ludique serait « l'un des ressorts principaux, pour les sociétés, des plus hautes manifestations de leur culture ; et pour les individus, de leur progrès intellectuel [4] ».

On a beaucoup dit que les Américains étaient de grands enfants ; un peuple qui n'avait pas peur de se tromper, et qui de ce fait était constamment en avance. La vieille Europe cartésienne a encore du mal avec l'expression d'une spontanéité enfantine chez un adulte. Ici, pour avoir l'air sérieux, il faut avoir l'air triste ; c'est le modèle social de l'ère industrielle. Un homme d'affaires ne peut être qu'austère. Être adulte, ça a longtemps été ne pas rire, ne pas

1. Erik Erikson, *op. cit.*
2. Guy Corneau, *op. cit.*
3. Hubert Jaoui, *Psychologies*, janvier 2001.
4. Gabriel Balbo, psychanalyste, *Télérama*, 22 novembre 2000.

pleurer, ne pas exprimer d'émotion, ne pas jouer. Mais plusieurs études ont montré que les gens qui considèrent leur métier comme un jeu réussissent mieux que ceux qui s'enferment dans un travail routinier.

Et si le côté adolescent des adulescents n'était pas nécessairement immature ? Pourquoi n'aimerait-on plus jouer, peindre, rire ? À partir de quel âge est-ce politiquement incorrect ? Dans la Silicon Valley, on croit beaucoup à l'éthique *hacker* développée par un jeune philosophe finlandais et chercheur à Berkeley, le mot *hacker* étant utilisé dans son sens premier : passionné d'ordinateurs. Pekka Himanen pense que nous allons inéluctablement vers une nouvelle éthique du travail, la *hacker attitude*, qui consiste à faire des choses « qui créent du sens, des symboles ou de l'identité », en suivant son rythme personnel de créativité. C'est la flexibilité vue de l'individu, à l'opposé de l'éthique traditionnelle qui fait du travail un devoir, une valeur en soi, la vie n'étant qu'un déroulement d'obligations à accomplir.

L'ère industrielle avait généré l'idée d'un temps de travail régulier, qui dépossédait les gens du contrôle de leur temps. L'aménagement du temps travaillé modifie cette conception, et celle de l'organisation de l'entreprise comme de la vie privée. Il demande certes un sens de l'organisation mais aussi de l'improvisation, et donc de la créativité, voire de l'audace personnelle. Or, ce sont précisément des qualités qui appartiennent à l'adolescence et que l'on ferait bien de conserver à l'âge adulte. Elles nous permettraient d'oser changer de travail, de métier, et peut-être d'avoir moins peur.

Le changement par lui-même n'est pas synonyme de décadence ou de perte. « À l'intérieur d'un monde professionnel en constante mutation, où la précarité de l'emploi s'étend à la manière d'une tache d'huile et où la retraite sera un mirage pour la plupart d'entre nous, l'essentiel est de ne pas avoir peur du changement. Il faut le voir comme une chance et non pas comme un risque, explique Alain Ehrenberg. Au lieu que la personne soit *agie* par un ordre extérieur (ou une conformité à la loi), il lui faut prendre appui sur ses ressorts internes [1]. » C'est ce que font certaines personnes confrontées à des situations de « malheur ». Elles prennent « sur elles » de sortir de leur seul statut de victime et font ainsi savoir qu'elle conservent leur aptitude à la liberté et aux responsabilités, même quand elle est, de fait, limitée. Il est urgent, dit Pascal Bruckner, de comprendre que le « malheur » fait partie intégrante de la condition humaine : « Le rapatrier dans nos existences, le réintroduire dans le langage commun, c'est se déprendre de la fascination malsaine qu'il exerce lorsqu'il est celé, c'est aussi se donner les moyens de le contenir en l'intégrant [2]. » Et puisque l'on doit changer, alors il faut prendre en main sa vie, en cessant d'accuser le destin, ses parents ou le passé. « Rester attaché à ce qui a été n'est qu'un moyen de ne pas vivre l'expérience du présent en évitant de devenir pleinement conscient de ses besoins réels », note Willy Pasini [3].

Selon certains observateurs, les lois sur l'euthanasie, la drogue, le mariage homosexuel auraient été

1. Alain Ehrenberg, *op. cit.*
2. Pascal Bruckner, *L'Euphorie perpétuelle*, *op. cit.*
3. Willy Pasini et Donata Francescato, *op. cit.*

adoptées aux Pays-Bas non pour transformer la société, mais plutôt pour la préserver, partant du postulat que chacun sait ce qui est mal et ce qui ne l'est pas[1]. Pour le sociologue Jean-Claude Kaufmann, cette attitude définit précisément l'individu moderne « maître de sa vie, composant sa vérité, choisissant sa morale, responsable de son identité[2] ». À condition que ces choix se fassent en concordance avec sa nature profonde et non ses envies ponctuelles, cette nouvelle façon d'être adulte ne se fonde pas sur la seule raison, mais aussi sur l'intuition et le ressenti. L'adolescence a été décrite comme une période où l'individu est à la recherche de soi, tandis que l'ouverture aux autres définirait plus particulièrement l'âge adulte. Mais ce « moi d'abord » pourrait être autre chose qu'un repli sur son confort à soi, il pourrait au contraire participer d'une plus grande responsabilité de chacun, pour soi et pour la société. Les jeunes n'ont pas le « monopole du cœur », les adultes y prétendent aussi. Vieillir, disent certains, est un certificat de compétences. C'est en tout cas bénéficier d'une somme d'expériences. Il reste à trouver une capacité à évoluer, à s'adapter, sans se perdre, à savoir utiliser le progrès – ou s'en prévenir –, à garder des enthousiasmes.

Nous n'en sommes qu'à la phase d'expérimentation de nos libertés toutes neuves ; notre horizon s'élargit, il devient planétaire, les limites reculent. Les perspectives sont parfois inquiétantes, mais

1. « The conservative reality that lies behind the liberal laws of "crazy Holland" » de Christopher Dickey et Friso Endt, *Newsweek*, 4 juin 2001.
2. Jean-Claude Kaufmann, *Ego : pour une sociologie de l'individu*, Nathan, 2001.

l'inquiétude n'a jamais fait reculer le danger. À l'inhumanité des conquêtes technologiques – celles des trois révolutions de Jean-Claude Guillebaud[1], économique, numérique, génétique –, on aimerait pouvoir opposer la sollicitude, reconnue comme un devoir envers les plus vulnérables. La génération baby-boom est la première dans l'histoire à avoir eu accès à l'éducation ; c'est une génération instruite, elle est à hauteur des instances dirigeantes. Puisque nous avons conquis tant de savoirs, il en découle des obligations nouvelles. Nous avons d'autant plus de responsabilités sur l'avenir de la planète, de l'humain. Après l'égoïsme et l'individualisme qui caractérisent notre époque adulescente, nous avançons sans doute vers une nouvelle étape, vers un âge adulte de l'humanité, d'où la sagesse serait moins absente. L'adulte en tant qu'individu autonome, se tenant debout sans béquilles instituées, est une espèce en voie d'apparition.

Tout changement s'accompagne de difficultés, de reculs ou de résistances. Nous n'y sommes pas « habitués », et le changement fait toujours peur, surtout quand il n'arrête pas. À nous de trouver d'autres structures, d'autres référents. Pourquoi pas, finalement, l'imagination au pouvoir ?

1. Jean-Claude Guillebaud, *Le Principe d'humanité*, Seuil, 2001.

Remerciements

Rendons à César ce qui lui appartient : le concept d'« adulescence » a été forgé par Tony Anatrella, psychanalyste et spécialiste de psychiatrie sociale, auteur de nombreuses et remarquables études sur le sujet, dont la plus récente est *Interminables adolescences : les 12-30 ans, puberté, adolescence, post-adolescence, une société adolescentrique*, Paris, Cerf, 1999.

Merci à tous les auteurs que j'ai cités et dont la lecture m'a ouvert des horizons et apporté des éclairages variés.

À divers titres, je remercie Antoine Hurel, Jean-Louis Bénichou, Gérard et Danièle Viens, Maryvonne Ségalen, Christine Vilnet, Brigitte Kernel, Jean-Louis Festjens et surtout Damien-Guillaume Audollent, sans qui ce livre n'aurait pu exister.

Table des matières

Impression réalisée sur CAMERON par

BUSSIÈRE CAMEDAN IMPRIMERIES

GROUPE CPI

à Saint-Amand-Montrond (Cher)
en mars 2002

N° d'impression : 021519/1.
Dépôt légal : mars 2002.

Imprimé en France